◆中华传统美德修养文库◆

选贤任能

徐潜　栾传大　主编

吉林文史出版社

图书在版编目(CIP)数据

选贤任能 / 徐潜,栾传大主编. ——长春:吉林文史出版社,2008.4
(2021.11 重印)

(中华传统美德修养文库)

ISBN 978-7-80702-800-0

Ⅰ.①选… Ⅱ.①徐… ②栾… Ⅲ.品德教育—中国—通俗读物
Ⅳ.D648-49

中国版本图书馆 CIP 数据核字(2008)第 051016 号

丛 书 名　中华传统美德修养文库
　　　　　XUANXIANRENNENG
书　　名　选贤任能

主　　编　徐　潜　栾传大
选题总策划　徐　潜
项目负责　王尔立
责任编辑　张雅婷
责任校对　李洁华
装帧设计　韩璘工作室
出版发行　吉林文史出版社
地　　址　福祉大路出版集团A座
网　　址　www.jlws.com.cn
印　　刷　三河市燕春印务有限公司
开　　本　690mm×960mm　1/16
印　　张　8
字　　数　50 千字
印　　次　2021 年 11 月第 10 次印刷
书　　号　ISBN 978-7-80702-800-0
定　　价　30.00 元

总　序

中国是礼仪之邦，是世界四大文明古国之一，有唯一历史发展不曾中断的记录。从公元前841年西周共和年代起迄今3000多年中所有的历史事件都有文字记载。在悠久的历史进程中积淀了丰富的文化遗产，形成了厚重的中华传统美德，至今仍滋润着她的子孙。在改革开放的新形势下，我们大力弘扬中华民族传统美德和优秀的人格修养，对于提高全民族的精神文化素质，提升国家的软实力，具有深邃的价值和深远的影响。

首先，它有利于协调人际关系。“和为贵”是中华美德的基本信条之一，建设社会主义和谐社会首先就要处理好人与人之间的关系，改善社会风气，使整个社会洋溢着和睦、和谐的氛围。这也是中华民族绵延几千年不断发展进步的重要思想基础。

第二，它有利于培养民族精神。“自尊，自立，自强”是中华民族的传统精神，民族精神是一个民族赖以生存和发展的精神支撑。中华民族之所以历经各种各样的磨难，仍然能够不屈不挠、昂首挺胸地走过来，就是因为以爱国主义为核心的团结统一、爱好和平、勤劳勇敢、自强不息的伟大民族精神在支撑、推动着我们民族的进步和发展。

第三，它有利于推动社会进步。“大同”社会是中华民族的传统理想，几千年来，中华民族传统美德促进了中国社会的文明与进步，使我国保留了令世人瞩目的灿烂文化。从原始社会、封建社会到近代社会，再到建立社会主义制度、推进社会主义现代化建设的今天，中国之所以能够不断发展进步，中华民族传统美德和优秀的人格修养发挥了重要的引领和推动作用。

中华民族的传统文化源远流长，是中华民族的灵魂，其精髓就是中华民族传统美德和人格修养。这是我们民族世世代代传承下来的瑰宝，几千年来不同时代先辈们身体力行，生生不息，中华民族传统美德深深植根在中华儿女的心里，融进血液中，也是现今中国人言行的准则，成为我们民族能够屹立于世界民族之林的重要根基。

今天，我们的祖国前进在改革开放与建设社会主义和谐社会的征程上，八面来风带来了全球各国的文化传统和社会价值观，信息传输手段的多元化以及国际交流日益频繁等，各种思潮和思想纷纷涌入国门，中华传统美德和人格修养也面临着能否与时俱进、继续在当代中国人的精神家园中占据主流地位的挑战。2006 年 3 月，党中央提出了“八荣八耻”的社会主义道德观和价值观，党的十七大又提出了“弘扬中华文化，建设中华民族共有精神家园”的方针，从历史与现实结合的高度充分肯定了中华传统美德和人格修养的历史价值，也表明了弘扬传统美德和人格修养的重要意义。

本书以讲历史故事的形式生动形象地按类讲述中华传统美德的经典事例，寓道理于故事之中，化物于无形，使青少年能在轻松愉快的阅读中潜移默化地接受美德的熏染，陶冶心灵，感受中华民族传统文化的博大精深，了解中华民族传统美德的根深叶茂，为是中华美德造就的现代中国人而自豪，更深刻地理解走有中国特色的社会主义道路的必然性。从而激发人们建设美好社会，建设美好家园，建设新生活的冲天豪情。

前　言

选贤任能，就是选拔任用贤能的人。

选贤任能出自《旧唐书·食货志上》：“设官分职，选贤任能，得其人则有益于国家，非其才则贻患于黎庶，此以不可不知也。”

中华民族几千年的文明史，流传下很多选贤任能的故事，如“武丁选贤”“洪武访贤”等，这些故事不仅使我们了解了历史，而且对现代人也有很好的教育意义。

无论是一个人，还是一个国家，要想进步，谋求发展，首先就要与时俱进，有效地利用资源，选用人才，任用贤能。在这样的思想指导下，国家才会有充足的人才储备，国家才会更加稳定的发展。

本书中，将中华民族几千年来积淀下来的深厚文化用通俗易懂、清新明快的语言传递给读者，使读者在品读历史故事的同时，开阔眼界，提高素养，启发智慧，陶冶情操，对人的进步和发展是至关重要的。

目 录

武丁选贤

武丁是商朝的第二十二个王，他从小就被父亲放到平民中生活，与平民的孩子一起干活、玩耍，学会了许多农活，养成了十分简朴的生活习惯。

有一个叫傅说的奴隶，他特别能吃苦耐劳，聪明而又学识渊博，经常给奴隶们讲知识和道理，博得了大家的喜爱。傅说比武丁大二十多岁，他见武丁没有一点贵族的架子，待人和气有礼，就非常喜欢他，把自己知道的事都讲给武丁，使武丁的视野更加开阔，所以在武丁的眼里，傅说一直是一个良师益友。

后来，武丁做了商王，他一心想成为一个贤明的君主，便放心大胆地让大臣们处理朝政，不专权，不武断，潜心钻研治国的良策。他深知用人的重要，于是他多方物色贤人。

他终日苦思冥想招揽人才，这天，他忽然想到傅说。他从小就很敬佩傅说的才能，如果现在能将他召进宫来，一定会发挥他的聪明才智，报效国家。但又一想，他毕竟是个奴隶，要是让他做大臣，王公贵族和大臣们一定不会同意的，怎么办呢？

第二天，他一觉醒来，神采飞扬，手舞足蹈地叫来仆人，说："先王刚刚托梦于我，说有个叫傅说的人，可以做我的宰相，帮我治理朝政，商朝的兴盛就指日可待了。你们快去给我召集大臣来。"

大臣们听说是先王的旨意，不敢怠慢。在当时，人们特别相信占卜和征兆之术。认为这是上天的旨意，所以就绝对地相信。大臣们问："大王！傅说如何模样，请您描述一下，以便我们画成图形去寻找，否则天下这么大，如何找得到？"

武丁见臣下问，就装作回忆的样子，想了想说："此人好像身着布衣，四十多岁，中等身材，肩宽体阔，浓眉

大眼，皮肤略黑。”

大臣们开始按武丁说的去四处查找，他们根本就没想到傅说会是奴隶，开始只在贵族中进行。有的奸臣则将自己的亲信推荐给武丁，想从中捞取好处。武丁一一将来人端详一番，见他们一个个锦衣绣袍，肤色白嫩，根本就不像傅说那样是在室外干活的人。武丁生气地训斥了大臣一番："傅说本是身着布衣，你们不到百姓中去找，反而欺骗本王，这不是有违天命吗？再若如此就罪加三级。"

大臣们见君王动怒，就都不敢再冒名顶替。只好派特使到处打听，张贴傅说的画像。几乎走遍了全国各地，最后在傅岩这地方找到了正在做苦工的奴隶傅说。特使躬身施礼道："小臣尊大王之旨，前来寻找大贤人，请随我回京听命。"

傅说早已得知武丁做了国君，一直还保留那段美好的回忆。但自己是奴隶，根本不敢奢望能见到国君，更不敢想会得到国君的重用。一时间有些不知所措，只好坐着特使们的车子来到都城。

武丁亲自召见了傅说，一见果然是以往敬佩的老朋友，心花怒放。但还不敢表露出来，只好连连点头说：

“嗯，这正是我梦中先王推荐给我的大贤人。快快请去沐浴更衣。”等傅说换上官服后，武丁请他进入内殿，二人畅叙离别之情。傅说谈了许多治国的方略，令武丁十分钦佩。

第二天，武丁召集各方大臣，宣傅说上殿，宣布解除他的奴隶身份，任命他为相国。然后举行了盛大的宴会，为傅说的到来而庆贺。

此后，傅说殚精竭虑、鞠躬尽瘁地为国操劳，仅仅三年的时间，就使商朝国富民强，盗贼绝迹，外族臣服。

武丁任人唯贤，不以尊卑论英雄，因而成为一代贤君。孟子在他那段“天将降大任于斯人也，必先苦其心志，劳其筋骨，饿其体肤，空乏其身”的著名论断中，列举了几个突出的事例，“傅说举于版筑之间”，指的就是武丁选贤。

文王访贤

商朝末年，纣王荒淫无道，残害忠良，鱼肉百姓，致使民不聊生，怨声载道。

此时，隶属于商朝的诸侯国，地处西岐的周国已崛起在渭水流域。周国的国君就是有名的周文王。文王姓姬名昌，待人宽厚且又胸怀大志，以其敏锐的洞察力已预感到商王朝大厦将倾，气数将尽。于是他便广招人才，寻访贤士，为推翻腐朽的商朝做积极的准备工作。一时间许多有识之士都纷纷投奔到文王门下，所以周国的国势日渐强盛。但是，文王尚缺少统筹全局、文韬武略的帅才。

有一天，文王坐着一辆车子外出打猎，在渭水岸边，

看见一个奇怪的老头在聚精会神地钓鱼，就把车子停下来。这老头钓鱼的办法非常特别，一般人钓鱼用的是弯钩，上面挂着鱼饵，然后把鱼钩投入水中，诱使鱼儿上钩。而他的鱼钩却是直的，上面不放任何东西，并且离水面还有三尺多高。他一边高举鱼竿，一边自言自语：

“快上钩啊！快上钩，愿上钩的快来上钩呀！”

文王看了非常纳闷，就向老头搭话。两个人攀谈起来，而且越谈越投机，后来，老头干脆把手中的鱼竿放在一边，同周文王畅谈起国家大事，从政治经济谈到军事谋略，从尧舜的禅让美德，谈到夏桀暴而亡国。文王觉察到此人上通天文，下晓地理，正是自己想要寻找的精通治国

治军之道的非凡人才，真是喜出望外。

原来，此人姓姜，名尚，又名子牙。家境贫寒，但却学识渊博，志向宏远。因为他久仰文王的贤德之名，就故意隐居在渭水之滨，用直钩垂钓，以引人注目，等待贤德君主的寻访。他见文王果真是态度谦恭，宽宏大度，心中十分高兴，感到得遇明主。便将自己多年的心愿以及对时局的对策都倾诉给文王：

“如今商纣昏庸无道，天人共愤，亡国之日为期不远。而大王贤德圣明，民心所向，正待富国强兵，诛暴君，平民怨，建立新朝。”

文王听姜尚所言，认定这正是自己要找的人，就恳切地说：“我身边文臣武将虽不少，但却没有一位比得上先生之才。请先生随我回周，帮我治理国家，有您的辅佐，实在是我周国的幸运。”

姜尚夙愿实现，见文王诚心相邀，自是满口应允，同文王一起上车回到都城。

文王召集群臣，任姜尚为国师，后来又升为相国，总管全国的政治和军事。因为文王的父亲在世时，就希望有姜尚这样的贤德之人来辅佐，所以人们便尊称姜尚为“太

公望”。后来人们又把望字省略，因为他姓姜，就尊称为“姜太公”。

姜尚做了相国后，尽心竭力地为文王治理国政。对内发展生产，兴修水利，使人民安居乐业；对外征服各部族，开拓疆域，削弱商朝的力量，扩大了周国的势力，控制了当时三分之二的疆域。可是周文王仅仅执政了七年便去世了。他的儿子姬发继承了王位，史称周武王。武王继承父亲的遗志，尊称姜尚为师尚父。姜尚辅佐武王在孟津会盟，召集各路诸侯，揭发纣王的种种罪恶，在牧野竖起伐纣大旗，大败商军，逼迫纣王在鹿台焚身自杀，最后，灭了商朝，建立周朝。武王大封功臣，师尚父被列为榜首，封于齐。姜尚就是周天子最大的诸侯国齐国的第一任国君。

姜尚渭水垂钓遇文王的故事，成为千古美谈。周文王选贤任能，恭敬礼貌待人的优秀品德也得以永垂青史。

握发吐哺

“周公吐哺，天下归心。”曹操《短歌行》里这两句话表达了他对周公这位古代圣贤的景仰。

周公姓姬名旦，是周文王的儿子，武王的弟弟。武王伐纣，建立周朝以后，只在位两年就去世了，而成王尚在襁褓之中，就由周公承担起辅佐成王摄政的职责。周公一方面要平定商朝残余势力勾结管叔、蔡叔发动的叛乱，一方面又要为建立周朝的礼乐制度殚精竭虑。他日理万机，忙得连洗头发的时间都挤不出来。但他礼待贤士，广纳群言，毫无倦色。一天，他刚把头发放到水里，顿时觉得暖融融的温水滋润着疲惫的头脑，真舒服啊！古时男人的头发很长，难得有这样舒适的享受，他真想多泡一会儿。可就在这时，听到近侍报告：

“外面有客人求见，说是来反映有关诸侯国的情况。”

周公急忙说：“快快有请，我马上就来。”于是把头发从水中提起来，擦了擦就盘到头上来迎接客人。客人向他介绍了东方诸侯国的政治、经济、文化等各方面的情况，为周公治理诸侯国提供了可靠的信息。

周公送走了客人，就立即将一些重要的情况记录下来，记完以后才想起头发还没洗完呢，于是又重新把头发解开放到水里，刚洗了一会儿又听到仆人来报：

“又有人求见，说是有关治国的建议，这样的人，您见不见？”

周公毫不犹豫地说：“见！见！有请！有请！”就又把头发提起来，握了握水，去见客人。来人向周公阐述了音乐在移风易俗方面的作用，建议广泛搜集各地民歌，以了解民情，发展文化，使周公深受启发。在和客人的交谈中，头发中的水珠不断地流到他的脸颊上，他不时用手去擦。客人见周公如此繁忙，也不忍心长谈，几次提出告辞，可周公硬是叫他将所说的话和所想的建议都讲出来，

才送客人离去。

因为天气寒冷，没擦干的湿头发，只一会儿功夫，就变得冰凉，这才使周公想起头发还没洗完，就又急急忙忙跑去洗头，不多时，又听仆人报告：

“有一个说是从发洪水的地方远道而来的客人求见，正在客厅等候。”

周公就这样再一次中断洗头，来听取客人的意见。

与握发相类似，又颇为后人称道的还有周公吐哺的故事。

有一次，周公在吃饭，他很少能按时吃顿饭，今天正好胃口不错，烤熟的羊肉在几案上散发着香味，可刚刚吃上几口，就有仆人报告：

“有个从西戎来的人说有要事求见。”

周公连忙将刚放到嘴里的羊肉吐回碗里，匆匆地跟着仆人去见客人。二人交谈了好长时间，等到客人走后，周公才觉得自己的肚子咕咕地叫，想起自己的饭还没有吃完，等回到饭桌前，饭菜都已凉透了。仆人们只好为他重新加热一遍，桌上又散发出阵阵香味。

“又有客人在外面恭候。”仆人又来报告。周公只好又吐出刚放进嘴里的肉块去见来人。就这样他一顿饭也要多次被中断，反复加热，原有的香味也荡然无存了；有时对谈论的话题着了迷，也就忘记了吃饭。

孔子老年时曾慨叹地说：“久矣，吾不复梦见周公!”可见这位圣人对周公制礼作乐，是多么钦佩。直到今天，“一沐三握发，一饭三吐哺”的敬贤之风，依然是许多仁人志士梦寐以求的。

五羖大夫

春秋时代的著名政治家百里奚，曾经沦为奴隶。赎买百里奚，只用五张羊皮，所以被人称为“五羖大夫”。

百里奚原是虞国人，由于家道贫寒，虽然学识渊博，志向宏大，却一直没有机会施展他的才智。在流浪生活中，他增长了才干，磨砺了意志，结识了一些朋友。其中有一个朋友名叫蹇叔，是个贤人，两人很谈得来。蹇叔觉得百里奚很有才能，就在生活上接济他，两个人经常谈论时局大事，成了好朋友。经虞国大夫宫之奇的介绍，百里奚做了虞国的大夫。但蹇叔认为虞国国君难成大器，劝他不要留在虞国，可百里奚不听。后来果然虞国被晋国灭掉，百里奚也成了晋国的阶下囚。晋君本想重用百里奚，但他宁可做奴仆也不愿做晋国的官。适逢秦晋结亲，秦穆公娶了晋献公的女儿，晋献公就把百里奚作为女儿的陪嫁送给了秦穆公。可是，半路上百里奚却逃走了，被楚国边民抓住，让他养牛、喂马干杂活。

秦穆公发现陪嫁礼单上有百里奚的名字，却没见着人，就向公子縶问百里奚的为人，公子縶说：

“他是虞国人，一个不肯做晋国官的亡国大夫。”

穆公又转过头去问公子枝，公子枝说：“他是一个很有才能的人，可惜怀才不遇，无用武之地。”

秦穆公得知百里奚是个人才后，就命人寻找他的下落。得知他在楚国，就准备用贵重的礼物送给楚王，来换回百里奚。他和公子枝等人商量，公子枝急忙阻止说：

“主公这样千万使不得，现在楚国还不知百里奚是什么样的人，您这样做正说明他很重要，楚成王就不会放他回来了。”

“那你们看怎么办好呢？”秦穆公着急地问。经过一番商议之后，决定按当时一般奴隶的身价，用五张羊皮去换百里奚。楚国因不知底细，就顺利地把百里奚用囚车装

上，交给了秦国。

百里奚的囚车刚一到达秦国，秦穆公和公子枝等早已在途中迎候。穆公亲自为他打开囚车，扶他下来，又请他上了自己的马车，坐到正位，一同回到了都城。穆公把百里奚奉为上宾，摆宴为他接风洗尘，请教他治国之策。百里奚谦逊地说：

“卑臣只是一个亡国的奴才，不懂什么道理，没什么值得国君您这样隆重款待和器重的。”

穆公和颜悦色地说：“这都是虞君的过错，他既不听信你的劝告，又不能发挥你的才能，所以才落得亡国的下场。你并没有什么过错，不要过于自责。”

这一番话，感动得百里奚老泪纵横，于是就如何治国安邦，滔滔不绝地与穆公讲了起来，一连谈了三天，使穆公懂得了许多道理。心悦诚服的穆公更觉得遇到了一个难得的人才。就想拜百里奚为相国，但百里奚坚决不肯，他说：

“我算不了什么，真正能治国的人应是我的老朋友蹇叔。他的才能你们都还不知道，他曾多次使我免除祸乱，像他那样有远见和才能的人，才真正是不可多得的，您还是请他来吧！”

穆公听说还有比百里奚更高明的人才，急忙派公子絷亲自去请。

不久，秦穆公拜百里奚为左相，蹇叔为右相。在他们的辅佐下，注重军事和经济的发展，吞并了周围的小国，使秦国迅速富强起来，奠定了秦国统一中国的基础。

秦穆公用五张羊皮换回了盖世英才百里奚，所以人们也叫百里奚为“五羖大夫”。“羖”本意为黑色公羊，在此泛指羊皮，这一颇带调侃意味的绰号，还在提醒人们：在那些不识人才、不重人才的人眼里，一个人才的价值，只相当于五张羊皮。

桓公求言

春秋时期，各诸侯国间兵戎相见，厮杀纷争。哪个诸侯国的国君不想在争战中击败他方，成就霸业？为了能够尽快地富国强兵，称雄于诸侯，“春秋五霸”之一的齐桓公制定了礼贤下士，广开言路的新政策。

为了方便四面八方的人士夜晚前来献计献策，齐桓公下令特在大门里边燃起薪火，松枝火焰，三步一簇，五步一堆，彻夜通明，把整个院落照得如同白昼，直达齐桓公帐下。并且在一棵大槐树上挂了一面进谏鼓。不管是白天黑夜，只要求见者敲响了这面鼓，桓公都要亲自出面迎

见。同时规定，凡是意见被采纳者，将馈赠重金予以酬谢。又增设了许多侍卫人员，随时准备接待前来进言者。可是不知为什么，等啊，等啊，足足等了一年，竟没有一个人来。

有一天，一个来自齐东的人一瘸一拐地前来求见了，自称会“小九九算法”，欲求见桓公。大门边的侍卫人员听说后，诧异得直眨眼，以为自己听错了话，上下打量着来人，然后笑话他说：“‘小九九算法’连八九岁的孩子都会，你仅凭这点儿本事，就想求见我们的国君吗？”

齐东人并未慌张，一字一句地回答道：“我听说咱们的国君礼贤下士，广开言路。为方便求见的士人，晚间燃薪火照明，直通国君帐下，并且挂了一面进谏鼓，招引天下贤士击鼓求见，同时准备下了重金来酬赏进言有功者。可是过了一年了，竟没听说有一个士人前来求见。请问你知道士人不来的原因吗？”

侍卫人员登时红了脸，摇了摇头，没说什么。

齐东人接着说道：“这其中的缘故就是因为他们都认为君王是天下最聪明的人。在君王面前进言，恐怕是班门弄斧，怕君王看不起他们，所以才没人敢来呀！”

几个侍卫人员将齐东人围在中间，都认真地听着。齐东人这时又开始说道：“我只会‘小九九算法’，这点本事连雕虫小技都谈不上，如能得到君王的器重，以礼接待，那么那些比我有才能的人势必会受到启示，他们就会联翩接踵而来了。泰山不弃微尘，江海不辞细流，所以才能成就他们的高大啊！”

听了齐东人的这番话，侍卫人员也不知怎么回答是好，这些人赶紧把齐东人说的转告给桓公。当时齐桓公已在卧帐内脱衣欲睡了，听说后，急忙从床上坐起，大声说道：“客人言之有理！”然后穿衣戴冠，走出帐外，快步来到了大门旁，向齐东人郑重地躬身施了个礼，然后拉着齐东人的手，一同来到了议事厅内。连夜设宴，款待齐东人。

齐东人在桓公那里一住月余，一直受到了上宾的礼遇。

桓公以礼接待齐东人的事不胫而走，人们一传十，十传百，四面八方的士人互相传说，互相引导，献计献策的人纷至沓来，门庭若市。有来自齐国国内的，有来自其他诸侯国的。这些人来到后不存疑虑，畅所欲言，献计献策，提出了许多中肯宝贵的意见，为桓公所采纳。有一个从别国逃出来的亡臣，向桓公献上了征服那个国家的妙计，桓公采纳后，很快征服了那个国家。慢慢地，齐国国富兵强，开始强大起来了。

试想，如果没有对只会“小九九算法”的齐东人的以礼相待，便不会引来八方贤士的纷至沓来，也不会听到许多有价值的意见，那么齐桓公“九合诸侯，一匡天下”的业绩岂不成了空中楼阁？

贤能重耳

春秋时代，晋国有一个公子，名叫重耳。他父亲晋献公想立宠妃骊姬的儿子奚齐为太子，派寺人披去杀他。重耳翻墙逃出，寺人披追上来一剑砍下了重耳的衣袖，回去交差。

重耳带领五位德高望重的大臣和几十名武士开始了长达十九年的流亡生活。

在狄国、卫国、齐国逗留了十几年后，重耳来到曹国（今山东省曹县）。曹共公听说重耳生有异相：肋骨不分条，是一块平板，亦称之“骈胁”，颇为好奇，想看看到底是什么样子，就留下重耳住在曹国。晚上，重耳洗澡的时候，脱下衣服，在浴盆里泡着。曹共公让人在浴室门上挂了一层薄薄的门帘，自己站在帘子后边观看重耳洗澡，以便证实一下是不是“骈胁”。他看得很仔细，不小心发出了一点声音，重耳发现有人偷看，大叫一声：“有人!”随从赶到现场，曹共公才匆匆离去。重耳对曹共公的非礼行为十分恼火，但在当时也不好发作，只好忍下这口气，留待将来算账。

曹国有一个大夫，名叫僖负羁。僖负羁的妻子是个贤惠的女人，她对丈夫说：“我看晋公子重耳是个人才，他的随从都是栋梁之材，将来一定会在晋国当政。他当政必将讨伐那些无礼的诸侯，曹国首当其冲。你可要及早给自己留条后路。”于是，僖负羁亲自到重耳的住处，送去热腾腾的饭菜，在饭筐底下还放上一块璧玉，以表敬意。重耳收下了饭，把璧还给了僖负羁。

僖负羁又去向曹共公建议：“重耳是晋国公子，将来即位后就是跟您平起平坐的诸侯，现在应当以礼相待。”曹共公说：“流落在外的公子一律不能以礼相待。”僖负羁说：“礼遇宾客，是礼的基本要求。以礼治国，是国家的正常秩序。曹国的祖先是周文王，晋国的祖先是周武王，应当亲密相处。再说重耳是贤公子，您蔑视他，是不尊重贤才的表现。”曹共公只当耳旁风。

重耳结束了十九年流亡生活后，由秦国派兵护送回到晋国，他就是春秋五霸之一的晋文公。

公元前632年，晋文公派兵包围了曹国都城，命令士卒向城门发起攻击。曹军拼死抵抗，杀伤大量晋军，并把晋军尸体摆在城墙上展览。晋文公担心会影响士气，下令停止攻城。这时有一个赶车的唱唱咧咧地走过来，歌词里有“舍于墓”几个字。晋文公一下子有了办法，命令军队转移到曹国人的墓地去扎营，挖开曹人的坟墓，把一些尸体装在棺材里，用车拉着打头阵，向曹国城门再次发起攻击。曹人惊恐万状，丧失斗志，城门很快就攻破了。

晋文公号令全军：不许进僖负羁大夫的家。但攻城部队指挥官魏犨、颠颉不听号令，说：“我们在战场上卖命，还没有得到犒劳；他僖负羁送一碗饭却得到了报答。”让人放火烧了僖负羁的房子。晋文公闻讯大怒，要军法从事，派人去看这两个爱将。魏犨胸部受了伤，见晋文公派人来了解情况，知道晋文公的意图：如果伤重，就杀掉他。于是魏犨强忍胸部剧痛，接过晋文公送来的慰问品，向上跳起三次，又向前跳了三次，以显示还能打仗。晋文公只好赦免了他。颠颉终于被斩首示众，以严肃军纪。

晋文公抓住了曹共公，数落了他的罪过：当年不用僖负羁的建议，非礼偷看别人的肋骨形状；而对以礼待客的僖负羁大加赞赏。

也许曹共公对重耳的惩罚太重了，霸主似乎仁慈一点为好。但僖负羁礼遇重耳，不因他一时流落无依而轻视，却一直传为佳话。

晏婴惜贤

春秋时代，齐国有一位杰出的政治家，身材矮小，生活节俭，不肯搬进豪华的住宅，但对人才极为爱惜，什么都舍掉付出。他就是司马迁表示愿“为之执鞭”的晏婴。

在他担任齐国大夫时，一次在出使外国回来的路上，他看见有一个人被倒绑着双手，由几个人押解着，走在路边。晏婴见那被押之人神色不凡，气宇轩昂，像是很有修养，就下车好奇地问：

“你叫什么名字？是干什么的？”

“我叫越石父，是给人家做奴仆的。”那人不卑不亢，语调沉稳地说。

原来他是一个刚刚被买来的奴仆，正往主人家去。晏婴对这样一个气度不凡的人成为奴隶而惋惜，便向买主说明了自己打算赎买越石父的意思。正好那家主人也觉得这个奴隶生来不像个奴才，为了防止赔本，卖了也无妨，于是就欣然应允。晏子随即命人将驾车的左侧马匹送与那主人，赎出了越石父，就这样越石父与晏子一同回到了国都。

晏子已是久别归故里，所以格外想念亲人，来到家门口后自己便迫不及待地进了大门，已经完全把越石父忘了。越石父自从被赎回来以后，心中一直很感激晏子，觉得自己终于被人赏识，可以一展自己的才华。可这一路上他见晏子自己先上车，然后才让他上车，到家后连一声招呼也没打，只顾自己先进屋，根本没想到还有个越石父。心想这不与我在别人家做奴仆一样吗？我还有什么前途呢？

不久以后，晏婴做了齐国的宰相，国事非常繁忙，来往和应酬也特别的多。越石父根本见不到晏婴的面，晏子也没有派谁或亲自来过问他的情况。越石父心中那种怀才不遇、不被重用的心情无法排遣，于是他叫人转告晏

婴说：

“从即日起，我越石父与你晏子绝交，还是到有人赏识我的地方去吧！”

晏子听了手下人的报告，回想起当初赎回越石父的情景，然后命手下人告诉越石父：

“从前你是奴隶，我把你赎了出来，这有什么不对吗？我们并没有私人交情，或者说还没有深交，你为什么这么匆匆地和我断交呢？”

越石父说：“我从前是个奴仆，但自从你赎出了我，我以为遇到了知己，认为你了解我，因此解救了我。可是，我见你上车自己先上，到家也不打招呼，自己就先进去了，根本没问过我的情况，也没有理睬过我。这难道与我过去的主人有什么两样吗？常言道：‘为人君子不能因为对人有点点的好处就举止轻率。’而你这样待我，很令我伤心，因此我决定离开这里。”

晏子听到这一番议论后，马上来到越石父跟前诚恳地道歉说：“从前，我只看到先生的外貌举止，而现在更加了解先生的志气和品格，令人佩服，实在是我晏婴失礼。我衷心地向您道歉，还望先生能留下来。日后晏婴有什么

不对之处，请先生多多指教。”

越石父见晏婴诚心实意地接受了意见，深感此人胸怀大度，将来必成大业，又经晏婴一再挽留，便留了下来，不久便成了晏婴治理国事的左膀右臂。

一匹马只赎出了越石父的身，恭谦的礼遇才赢得了贤士的心。晏婴一生历仕灵公、庄公、景公三朝，甚至乱臣贼子都不敢碰他，这无疑是得益于他那恢宏大度的气量与谦和有礼的作风。

颜回敬师

孔子的弟子中最穷苦的大概要数颜回了。他住在陋巷里，用一个竹编小碗吃饭，用一个葫芦瓢喝水，但却能做到“其心三月不违仁”，是受到孔子赞扬最多的优等生。同学们也都特别佩服颜回。子贡曾说颜回“闻一知十”，属于智商最高的那种人。

有一回，孔子师徒行至陈国和蔡国之间的路上，由于交通不便，人烟稀少，粮食逐渐断绝。开始的时候，每天还能熬点稀粥，大家充饥。后来就到了粒米皆无的地步，孔子也一天天消瘦下去。颜回心里很是着急，心想老师这

么大年纪，不像年轻人那样身强力壮，若是长此下去，万一饿出点毛病，做弟子的实在无地自容。想到这里，颜回忍着辘辘饥肠，强打精神，支撑着身体，出外为老师寻找

吃的。

荒郊野外，杂草丛生，若于此处找到一家住户，谈何容易？颜回沿着一条羊肠小道艰难地向前走着。也不知走出了多远路程，遥望前面的山坳处升起了一缕炊烟，颜回不觉喜出望外，顿时精神倍增，来到了这家的门前，叩响了门环。过了一会儿，从门中出来一位老人。颜回慌忙躬身施礼道：

“老人家可好？晚生给您施礼了。”

老人急忙还礼，问道：“客人来到茅舍，不知有何贵干？”

颜回答道：“学生随同老师游学来此，不想粮食断绝，我老师已几日粒米未曾下腹，特来请老人家施舍些米，以救我老师一命。”

老人见颜回温文尔雅、彬彬有礼，且又是为老师乞讨，大为感动，连忙拿些米来送给颜回。颜回如获至宝，匆忙沿着来路返回。

由于一连几日无米下锅，昏睡中的孔子对米饭的香味特别敏感，也正是这股香味引诱着孔子来到厨房，透过门缝望去：香喷喷的米饭已经煮好，而颜回一个人却在那里已经吃上了。这一情景，对孔子无异于当头一棒，因为在孔子的心目中，颜回是德才兼备，最完美的学生，今天怎么能老师尚未用餐，而他自己先偷着吃了呢？于是孔子轻手轻脚回到床上，闭目装睡，想看看颜回下一步怎么办。

过了一会儿，听见颜回的脚步声来到床前，轻声说道：“老师，请用餐吧！我已经为您煮好了米饭。”孔子这才睁开眼睛说：“我刚才做了一个梦，梦见我的祖上，现在就把这碗米饭供奉给他们吧。”说完就要去拿饭碗。颜回急忙拦住道：“老师，这碗米饭已经不干净了，不能祭奠祖先。刚才我盛饭时，不小心将炭灰掉到饭里，觉得给老师吃不干净，扔掉又太可惜，所以先把脏饭吃掉了。”

孔子听后恍然大悟，心中有些惭愧，自己竟误解了弟子的一番好意，实在是太冤枉颜回了。同时，也为自己能培养出这样的弟子而感到无限欣慰。

后来，颜回不幸早逝。颜回之死，对孔子的打击实在是太大了，他情不自禁地大声哭喊道：“天绝我呀天绝我！”弟子们看孔子悲哀过度，怕他伤了身体，劝他道：“老师您过分悲伤了。”孔子回答说：“我不为颜回悲伤，又能为谁悲伤呢？”师生之间真挚的感情溢于言表。

颜回吃脏饭的故事被后人概括为“颜回食污”。受过污染的饭，一定是很难下咽的。颜回奉献给老师的不仅是经过清污处理的饭，而是一颗圣洁的灵魂。

朱升献计

元朝末年，爆发了轰轰烈烈的农民大起义。朱元璋领导的农民军，攻占了集庆（今南京），改名为应天，试图在这里开创一个新的根据地。

当时的形势对朱元璋十分不利：应天地盘小，四面受敌，处在农民军领袖张士诚、徐寿辉、小明王和元政府军的重重包围之中，随时可能被吃掉。

如何才能走出困境，渡过难关呢？朱元璋整天愁眉苦脸，想不出一个好办法。

李善长对朱元璋说：“我听说休宁人朱升博学多才，

看问题很有远见。主公不妨去问问他有什么高见。”

“要那个老头子来见我吧。”朱元璋有点不高兴。

李善长想说什么，看到朱元璋不耐烦的样子，只好把话收回去，按照朱元璋的吩咐派人去请朱升。

不久，使者哭丧着脸回来，原来朱升根本不愿见他。朱元璋很生气地说：“老儒生摆什么臭架子，传我的命令把他抓起来。”

李善长急忙劝阻说：“当年刘备冒着风雪隆中三顾茅庐，后来在益州称雄，这都是诸葛亮的功劳啊！请主公三思。”

朱元璋决定亲自去拜访朱升。

月夜，皎洁的明月高悬在天空。年过七十的朱升坐在葡萄架下欣赏着夜色美景，家童来报说有一个贵人来求见，朱升吩咐有请。

朱元璋走进来，连忙施礼说：“早闻先生大名，今日得见，十分荣幸。上次无礼，敬请原谅。”

“如今天下大乱，大王是否有安定天下的决心呢？”朱升问道。

“我念念不忘驱逐蒙古人，复兴汉室，统一天下。”朱元璋遥望北方，激动地说。

“那么你打算怎么办呢？”

“老实说，我现在的处境很危险，还望先生您多多指教。”

朱升被朱元璋的诚心感动，他沉思片刻说：“大王，依你目前的处境，首要任务是巩固现有的地盘；利用短暂的安宁，抓住时机发展生产，屯积军粮，操练兵马，做好应付长期战争的准备；现在你的力量还不强大，要采取低姿态，千万不要与他们三强争夺地盘，避免成为众矢之的。记住，不要急于称王，尽量缩小目标，后发制人，天下非你莫属了！”

“高筑墙，广积粮，缓称王”，这就是朱升酝酿已久的锦囊妙计。

朱元璋听得入了迷，就像在黑夜中见到一丝光亮，他的心胸豁然开阔起来。

告别朱升后回到应天，朱元璋立刻行动起来，贯彻执行朱升的策略。

为了解决军粮不足，朱元璋任命康茂才在应天附近兴修水利，开荒种地。几年工夫，荒芜的土地上长满了绿油油的庄稼。朱元璋再不用为军粮发愁了。

应天虽然四面受敌，但张士诚、徐寿辉、小明王这三股势力就像三个卫星一样保护着朱元璋。朱元璋分别遣使与他们通好，却不失时机地趁元军无力南顾之际，逐渐消灭了元军的分散兵力和残余据点，扩大了地盘。

几个农民军领袖相继称王建立了政权。有人也劝朱元璋称吴王，朱元璋说：“先称王的未必就能得天下。再说我还没有什么功绩和德行，即使称王，天下也不服啊！”他哪里是不想称王啊，分明是没有忘记朱升的指教呢。

经过几年激烈的争斗，元政府和那三支农民队伍两败俱伤，力量消耗殆尽。相反，朱元璋已经强大起来，羽毛丰满了，乘机争夺天下。他后来消灭了其他农民队伍，推翻了元朝，终于登上了皇帝的宝座，成为最后的胜利者。

这个故事告诉了人们：如何在不利的条件下，积蓄力量，变劣势为优势，做好夺取胜利的充分准备。

信陵重士

战国时魏国的信陵君，是当时著名的战国四公子之一。他很尊重士人，不论有多大的能力，他都以礼相待，并不因自己的高贵而藐视别人，所以他拥有众多的门客，都对他特别的忠心。

当时魏国有一个名士叫侯嬴，家境比较贫寒，70 岁了还做一个城门的守门人，信陵君得知他很有才能，就特地命人送给他许多贵重的东西，想重用他，可是侯嬴对送来的礼物连理都不理，并生硬地对来人说：

“我几十年来爱惜自己的名声如生命，不能因为贫贱就随便接受别人的礼物。”

信陵君得知此事后，就专门为他设宴，并派人去请侯嬴。可是谁去都没请来，宾客都快到齐了。信陵君想了想，就亲自带着随从赶着马车专程去请侯嬴。到了城门口，公子下车亲自上前邀请侯嬴赴宴，而侯嬴则不慌不忙地穿上破旧的衣服，戴上已经破了的帽子，毫不谦让地上了马车，并坐到上座。信陵君则恭敬地坐在车夫的位置，亲自为他驾车。信陵君刚坐稳，就听侯嬴说道：

“我有个朋友叫朱亥，在市里的屠宰场，希望你的车先到那里，我要会会老朋友。”

信陵君听了他的话以后，就赶着马车向市里驶去。来到朱亥的屠宰场，侯嬴把朱亥叫了出来，两个人就滔滔不绝地谈了起来。交谈中侯嬴不时用眼睛的余光窥探着信陵君。这时信陵君正和随从们站在马车旁边，等着侯嬴。侯嬴和朱亥聊了好长时间，随从们都暗地里骂侯嬴不识抬举。侯嬴见信陵君一直恭敬地站在那里，脸上毫无怨色，这才辞别了朱亥，重新上车，来到宴会上。信陵君请侯嬴坐到上座，并向众宾客介绍说：

“这位是我们中年纪最长、德行最高的人，今天我特地为他摆酒设宴，以表我对他的敬意！”说完亲自为侯嬴斟酒。

客人们都非常惊讶，原来公子竟为这样一位老朽而专门设宴，且态度如此谦恭。这时侯嬴对信陵君说：“我今天的所作所为是有些过分和无礼，但我这一切都是为了公子您，我只是一个小小的守门人，在宾客都已到齐的时候，在大庭广众面前，按公子的身份是不应该去亲自迎接我的，而我又故意让您在街头长时间地等候，我这是为了保全您的名声，让人们都认为我是个不识抬举的小人，而您却是礼贤下士的真正君子，这正是我的用心。”

从此以后，侯嬴成了信陵君的座上客，有事总是先请教他，侯嬴也是尽心竭力地为公子着想，为他出谋划策。

后来秦军攻打赵国都城邯郸，邯郸危在旦夕，因为信陵君的姐姐是赵国平原君的夫人，平原君多次写信给信陵君，请求魏国出兵。魏国派将军晋鄙领兵前去救赵，但慑于秦国的威势，魏王害怕，急忙派人阻止晋鄙救赵，命晋鄙按兵不动。信陵君急于救赵，无奈就想带几百门客前去硬拼，这无疑是以卵击石。在路过城门时，被侯嬴阻止，他对公子说：

“我有一计，公子可按此行事：兵符在魏王身边，你设法让魏王的妃子如姬窃出兵符，让晋鄙出兵。如果晋鄙不听，你就让我的朋友朱亥将他杀掉。朱亥是个大力士，我会让他与你同去。”临行前侯嬴又说：“我本应该与公子同去，可是我已年老了，公子您好自为之吧！”信陵君依侯嬴计而行，果然击败了秦军，挽救了赵国，同时也提高了魏国在诸侯国中的威望。

信陵君能破格礼遇侯嬴，实现“窃符救赵”的壮举，正是他远见卓识的表现。放下架子，也许是古今礼贤下士的人最难通过的一项考试。

威王纳谏

战国时代，齐国的政权落入田氏手中。齐威王刚刚继位的几年中，整日穷奢极欲，通宵达旦地饮酒作乐，把国家大事交由卿大夫全权掌管，使得政事荒废，吏治混乱。适逢各诸侯国争相征战，国家危在旦夕。看到国家日益衰落，许多人都很着急，但又没人敢正面规劝威王。

一个叫邹忌的人，他知道威王喜欢音乐，就想了一个办法。这天，他身背古琴来到皇宫，说是要为威王弹奏。威王见有人亲自上门为自己弹奏，非常高兴，就将他让进来。邹忌摆好琴后，调整了琴弦，两手放在琴上，做出要弹的样子，却不去弹，威王就问：

“你调好了琴，为什么不弹奏呢？”

“大王！我不光会弹琴，而且还懂一套弹琴的理论。”邹忌说着，就从古代伏羲氏做琴讲起，一直讲到文王、武王怎样各加一弦，足足讲了半天，却始终没弹一下。威王开始还觉得挺有兴趣，可越听就越不耐烦了。这时邹忌也看出大王不高兴了，就严肃地说：“我空发议论不弹琴，大王您不高兴；可大王您掌握着齐国这张大琴，几年过去都未见您弹一下，齐国人能满意吗？”

齐威王听到这里恍然大悟，感动地说：“原来先生是拿弹琴来劝告我，感谢你的一番苦心。”于是就同邹忌谈论起国家大事来。后来，威王任邹忌为相，以辅佐自己整顿朝政，进行政治改革。

与邹忌同时，还有一个叫淳于髡的人，此人风趣聪慧，一次，他用隐语劝谏威王说：

“我国有只大鸟，住在大王的庭院中，三年不飞也不鸣，大王！您知道这是为什么吗？”

威王是很聪明的人，立刻明白了他的所指，就从容地回答道：“这只鸟不飞则已，一飞冲天；不鸣则已，一鸣惊人。”借此表达自己对以往过失的悔悟及励精图治的决心。并即刻召见各县的长官，当众赏赐了治理地方的有功人士，惩处了只顾自己享乐不顾百姓疾苦的贪官。同时整顿军队，击败了入侵的敌人。各诸侯国非常震惊，纷纷撤兵，把占领齐国的地盘交还给齐国。

邹忌和淳于髡都是当时著名的“稷下先生”。原来田午在世时，曾在国都临淄的稷门外设置了一座大学堂，叫“稷下学宫”，无论是哪国人，只要是文人学士，都可住在这里从事学术活动，这些人就叫“稷下先生”。

从此以后，威王对这一集天下名人贤士于一处的场所非常重视，使这些名人贤士受到尊宠，享受优厚的待遇，赐给豪华的高门大屋，出入有车马，办事有侍从，并把他们命为“列大夫”。这在当时的其他国家是没有的。因此四面八方的学者和有才之士都相继来到齐国。他们不断地向君王提供各国的形势和治国的经验教训，以及各种政治和学术见解等等，使齐国很快富强起来。

一次齐威王和梁惠王会见交谈时，梁惠王问：“您有明珠吗?”

“没有。”威王说。

惠王感到不解，又说：“我的国家虽小，可还有十颗光芒四射的明珠；齐国这么大，怎么会没有明珠呢？”

威王说：“我和你不一样。我不把那些东西看得太重，而是把人才看得比明珠还要宝贵。”

梁惠王听后连连点头。

齐威王是对的。明珠有价，人才无价啊！

陈蕃下榻

“人杰地灵，徐孺下陈蕃之榻。”王勃《滕王阁序》向我们述说着一个礼待贤士的故事。

东汉中期，朝政腐败，宦官专权。陈蕃从小就胸怀大志，倜傥不群，志在削除宦官事权，重振大汉雄风。少年时代，一次他父亲的朋友薛勤来访，见陈蕃居住的庭院杂草丛生，破破烂烂，便问陈蕃：“你怎么不打扫庭院来迎接宾客呢?”陈蕃顺嘴答道：“大丈夫处世，当以扫除天下为己任，怎么只能清扫一个庭院呢?”其志向之大，才思之敏捷，已露端倪。

陈蕃任豫章太守时，到任伊始，便急忙去拜访被世人称为“南州高士”的隐士徐稚，徐孺子。陈蕃手下的人对陈蕃此举大惑不解，议论纷纷。有人说：“做太守的到任第一件事不是到府地巡视，而是去看什么徐稚，看来他是治理不好我们这个州郡的。”也有人说：“陈大人是不是有隐居之心，不然，按陈大人的身份，怎么会去看一个隐士呢?”

然而，陈蕃并不介意这些议论，而是以虚心求教的身份找到了这位世外高人。两位相互久闻大名，而又从未相见的名士，真是一见如故。二人从重振朝纲谈到削除宦官；从治理州郡，谈到怎样使百姓安居乐业，大有相见恨晚之感。

此后不久，徐稚来馆舍回拜陈蕃。知心人再次重逢，自然是越谈越投机，不知不觉已经到了半夜，徐稚匆匆起身告辞：“打扰到深夜，深感不妥，改日再会。”陈蕃急忙阻拦：“已过夜半，劳兄在此屈尊一宿，天亮后为兄送行。”看着陈蕃诚挚的面孔，徐稚反而为难起来，陈蕃的馆舍内只有一张床，且只能睡一个人，他很了解陈蕃的为人，说什么也不会让他睡在地下，可徐稚又怎么能让身为太守，自己非常尊敬的好友睡在地上呢？就这样，两个人三番五次地推让，最后徐稚还是拗不过陈蕃，躺在床上的徐稚翻来覆去难以入睡，好不容易盼到天亮，徐稚真要走了。两位挚友携手而行，送了一程又一程，望着徐稚远去的背影，陈蕃倒想起了个主意。

送走徐稚后，陈蕃在自己的卧室特设了一张床榻，是为徐稚专用的，其目的在于随时随地准备接待徐稚的来访。每逢徐稚来时，陈蕃都亲自为之整理床榻、被褥，使徐稚睡在这里犹如睡在家里一样。等徐稚走后，陈蕃便将床榻悬起，以备徐稚下次来再用。

陈蕃的良苦用心，赤诚之情，不能不感化这位世外高人。徐稚也是竭尽全力为陈蕃献计献策。陈蕃后来官至太尉、太傅，封高阳侯，不仅政绩斐然，而且名垂千古，其中不能不承认也有徐稚的一份功劳。

东汉的宦官掌权由来已久，因此社会风气日趋颓废，而陈蕃则以刚正不阿、礼贤下士而远近闻名。于是一批批趋炎附势之徒争相交结陈蕃，其中官僚政客有之，富商豪门有之，攀亲叙友者有之。对这些趋炎附势之徒，陈蕃从来持不屑一顾的态度。陈蕃所行，自然得罪了那些阿谀权势的小人。于是诬谄、诽谤之词接踵而来，说什么“陈蕃交结隐士，居心叵测！”什么“陈蕃为徐稚设榻是沽名钓誉”等等。然而，陈蕃仍然是我行我素，并向朝廷推荐徐稚做太原太守。但因徐稚已闲散惯了，不愿为官，只好作罢。

陈蕃晚年之时，仍致力于清肃朝纲，匡正刘汉天下，七十高龄之时，与大将军窦武密谋诛杀当权宦官曹节、王甫等，因事情败露，不幸遇害。

陈蕃虽未实现生平大志，但他那张悬挂在家里，专为贤士而设下的床榻，却留给后人一个深刻的启迪。

宰相荐才

唐朝女皇武则天，有一次单独召见宰相娄师德，谈论政事。

她问娄师德有没有可以担任辅政大臣的人才，娄师德未多考虑，极力推荐了狄仁杰。武则天采纳了娄师德的荐举意见，将狄仁杰从外地召回京城，和娄师德一起担任宰相。

狄仁杰不知道自己能当宰相是由于娄师德的荐举，相反，他心中倒是总记着过去和娄师德的一些不愉快的事情。而且不久前自己还遭到过一场政治迫害，总怀疑是娄师德在里边起了不好的作用。因此，常常当着武则天的面讲娄师德的不好。

时间长了，引起了武则天的注意。

一天，武则天在便殿和狄仁杰闲谈，问狄仁杰："娄师德的品德好不好？"

狄仁杰话中带刺："他带兵守边时，有过战功，品德好还是不好，我不很清楚。"

武则天又问："他能发现和举荐出色的人才吗？"

狄仁杰说："我和他在一起，没有这方面的感受。"

武则天哈哈一笑说："你能当宰相，正是由于他的举荐呀！依我看，没有比娄师德做得更好的了。"随即找出了娄师德的荐表，让狄仁杰过目。

事情出乎狄仁杰的意料之外，他十分惭愧，感叹地说："娄师德的度量这么广阔，我的全身都给包涵进去了，却还一点不知道，我比人家差远了！"

从此，狄仁杰主动接近娄师德，两人关系密切起来，共同辅佐武则天管理国务。

不久，北方的契丹国出兵犯境，攻陷了一些州郡，敌兵烧杀抢掠，百姓纷纷逃难。这时，狄仁杰和娄师德一同率兵北上，抵御敌兵。他俩互相配合，分路出击，杀得敌军望风而逃，收复了失去的州郡，使边境居民重新过上了安居乐业的生活。

昭王求贤

战国时代，秦国强大起来。但是秦国的政权实际上落入宣太后和她几个弟弟手里。秦昭王年幼时，宣太后等人执政；秦昭王长大成人了，这几个人还不肯放弃手中的权力，继续把持朝政。秦昭王再也不能容忍大权旁落的不正常现象了。他求贤若渴，希望找到可靠的人才来辅佐自己。

范雎是魏国人，在魏国中大夫须贾手下当僚属。有一次，范雎随须贾出使齐国。齐王拒绝接见须贾；见范雎有辩才，就赐给他一些礼物。须贾怀疑范雎出卖了魏国的情报，里通外国，就报告了宰相魏齐。魏齐让手下人鞭打范雎，打断了肋骨，打掉了牙齿。范雎佯装已死。魏齐命人用席子裹上，扔到厕所去。众宾客喝醉了酒，纷纷往范雎身上撒尿。范雎从席子里对看守说；“你要能放我出去，我一定重谢。”看守请示魏齐：“把席子里卷的死人扔出去行不行?”魏齐说：“行。”于是范雎逃了出去，改名为张禄。

这时，正好秦昭王派一个心腹名叫王稽的到魏国来招纳贤士，见到范雎后，约定一同西行到秦国去。

王稽到了秦国，向秦昭王报告，说有一位贤士声称：“秦王之国危如累卵。”秦昭王以为又是不学无术、危言耸听的辩士，就让人安排范雎住进普通客房，供应粗劣的饭菜。

范雎写了一封信给秦昭王，要求面见，并表示：“若一语无效，甘受斧钺之刑。”秦昭王立即让王稽派专车去接范雎。

范雎进了离宫，假装不知道这里有一座小型监狱，一直往里闯，被宦者拦住。恰好这时秦昭王也到了这里。宫中的宦者高声喝道：“大王驾到。”范雎故意说：“秦国哪有什么大王？秦国只有太后和穰侯。”秦昭王听范雎一句话点到痛处，马上恭谨有礼地说：“我太糊涂了，怠慢了先生。我愿敬执宾主之礼。”

原来穰侯名叫魏冉，是秦昭王生母宣太后的同母异父弟。他主持了秦昭王的登基仪式，又荐举白起率兵攻打韩魏，斩首二十四万；攻取楚国宛、叶二地，占领楚都鄢郢。他的封地在定陶，比秦王还富，一心扩大自己的地

盘，置秦国的利益于不顾。

秦昭王屏退左右，只留范雎一人，相对而坐。秦昭王欠起身子问范雎：“先生有什么高见赐教寡人？”范雎说：“嗯！嗯！”秦昭王又欠起身子问范雎：“先生有什么高见赐教寡人？”范雎还是不肯直言：“嗯！嗯！”反复问了三次，还是没有正面回答。秦昭王说：“先生是不是总也不肯赐教寡人呢？”范雎说：“微臣不敢。我是个羁旅之臣，和大王没有深交。而我要说的又涉及纠正大王的过失，不知大王是否真心。大王上畏太后的威风，下惑于奸臣的蒙蔽。我的意见不被采纳，我被处死，倒不可怕，只怕大王身陷孤危，秦国宗庙倾覆。”秦昭王说：“无论你说什么事，上及太后，下至大臣，都可以，请不要怀疑我的诚心。”

于是范雎指出：秦国闭关十五年，不敢出兵东方，是由于穰侯为秦谋不忠，为扩大自己的地盘，越过韩魏而远攻齐国。打胜了，不能占领，让别人拣了便宜，这是把武器借给敌寇，把粮食送给强盗的愚蠢做法。不如远交近攻，先拿下韩魏两国。

秦昭王采用范雎的策略，取得巨大成功。

过了几年，范雎又向秦昭王指出宣太后、穰侯等人擅权的危害。秦昭王废了太后，驱逐穰侯、华阳君、高陵君、泾阳君到关外去，拜范雎为相。

秦昭王求贤若渴的一片诚心，换来治国安邦的制胜良策。

庄公纳贤

春秋时期，齐国的国君桓公为争做中原各国的霸主，调动全国的军队攻打鲁国。大兵压境，鲁国的国君庄公很恐慌，不得不准备应战。

危难关头，鲁国人曹刿请求面见国君。

同乡的人都向曹刿劝说道：“让那些天天吃肉的大夫们替国君谋划吧，你又何必参与这事呢？”

曹刿回答说：“那些当官的人眼光短浅，拿不出长远的计划。”

曹刿入宫见鲁庄公，向国君问道：“您依靠什么同齐国打仗啊？”

鲁庄公回答说："衣服、食品这一类养生用的东西，我都是不敢独自享用，总是要拿出来一些分给别人。"

曹刿说："您这一点点的小恩小惠，并没有使全国的人都能得到，他们是不会为您拼死同敌人作战的。"

鲁庄公说："祭祀时用的牛、羊、猪和宝玉、丝绸等物，我都不敢向鬼神虚报，总是诚实而守信用。"

曹刿说："您这一点点的小信，不足以取得鬼神对您的信任，鬼神是不会因为这个便保佑您打胜仗的。"

鲁庄公说："所有大大小小的诉讼案件，虽然不能件件都办理得一点差错也没有，可总是要尽量处理得合乎情理。"

曹刿这时才高兴地说："您这是尽心为民众办事，凭这个便可以同齐国军队作战。到打仗的时候，请让我同您一起去参加战斗。"

就这样，曹刿取得了鲁庄公的信任，同他坐在一辆指挥作战的兵车中奔赴前线。在鲁国长勺这个地方，齐、鲁两国的军队展开了一场大会战。

两国的军队各自都摆开了阵势，鲁庄公想击响战鼓，向齐军发动进攻。曹刿劝阻鲁庄公说："现在还不到进攻的时候，不可以击鼓冲锋。”一直等到齐国的军队已三次擂动战鼓，曹刿对鲁庄公说：“现在可击鼓对齐军发动进攻了。”鲁庄公下令击鼓冲锋，只见鲁军阵前战鼓声震天动地，战士们个个勇猛向前，呐喊声响遍了原野。在鲁军势不可挡气势的威逼下，齐军全线崩溃，大败而逃。这时，鲁庄公正要下令乘胜追击敌人，曹刿又劝阻说：“不可以现在就下令追击。”说完，曹刿从兵车上跳了下来，察看齐军兵车撤退时留下来的车辙，然后又登上兵车瞭望敌军撤退时的情形，这时才说：“可以下令追击了。”鲁庄公下令追击齐军，大获全胜。

鲁军打了大胜仗，鲁庄公非常高兴，便问曹刿：“长勺会战，您的谋略真神了，能给我讲讲这其中的奥妙吗？”

曹刿说：“作战这件事，能不能取胜，要看战士们有没有勇气，凭战士们的勇气取胜。交战后，第一次击鼓时，战士们都鼓足了勇气，第二次击鼓时，战士们的勇气便开始衰退；到第三次击鼓时，战士们的勇气就消耗尽了。乘着敌军勇气消耗尽的时候，我们才第一次击鼓，战士们勇气正旺盛，能不打败齐军吗？可是，齐国是个大国，它们军队的实力和作战计划很难推测，我恐怕他们是

假撤退，有埋伏。后来我下车察看他们撤退时兵车留下的车辙，发现车辙很混乱；再登车瞭望，发现齐军的军旗也倒了，能断定齐军不是假撤退，这时下令追击，才能把齐军打得大败。”

听了曹刿的这番议论，鲁庄公心中非常佩服。是曹刿的谋略，使鲁军在同齐军的会战中大获全胜。

韩信献策

秦王朝被推翻后，刘邦被项羽封为汉王，心里很不服气。可是，当时他兵少将寡，要向东发展，与项羽争夺天下，谈何容易！

萧何向刘邦推荐韩信。刘邦虽然听从萧何的建议，拜韩信为大将，但心里对韩信的才干还是半信半疑。

一天，韩信前来拜谢刘邦，宾主落座后，寒暄了几句，刘邦看着韩信，用试探的口气问道："萧何几次向我推荐你，不知你有什么高见？"

韩信没有正面回答刘邦提出的问题，而是反问道："您想不想向东发展？"

“当然。哪能长期在这里当汉王呢?”刘邦不假思索地回答。

“您东征的敌人是不是项羽呀?”

“是。”

“你自己估量与项羽相比，谁的力量强?”

“不如项羽。”刘邦思考了一会儿，如实回答。

韩信见刘邦很诚恳，就说:“论军队实力，您不如项羽，但项羽只有匹夫之勇，汉王不必过分担心。”

“何以见得?”刘邦不解地问道。

“项羽个人勇敢善战，但他不善于驾驭良将；项羽关心部下，但对有功的将士，应该封赏时，又很吝啬，只知行小仁；项羽自封为西楚霸王，号令天下诸侯，但他违背了楚怀王最初约定的‘先入关中者王之’的誓言，大封亲信，引起了大家的不满；项羽为人残暴，所过之处烧杀抢掠，引起百姓的不满，民心不服，得不到百姓的支持。”韩信一口气举出了种种理由，说得刘邦频频点头，脸上露出了喜悦的神色。

韩信又进一步向刘邦分析说:“如果您针对项羽的弱点，反其道而行之，重用天下的勇士，还有什么不能被您消灭的呢？把您占据的地方分封给功臣，谁还会不听从您的指挥呢？利用将士思念故乡的心情，东征还有什么攻不下的地方吗？”

刘邦心里很高兴，接着问道：“那么，依将军之见，下一步棋应当怎么走呢？”

“先取关中，平定三秦，然后再进一步与项羽争天下。臣以为，应当马上出兵东征，可以不费力就占领关中地区。”

“为什么？”

“项羽在关中分封的三个王，都是秦的降将，他们曾经杀害过很多反秦的人民，投降项羽后，部下的二十万降卒，又被项羽活埋了，他们出卖了部下而被封为王，关中的父老对这三个人早已恨之入骨了。相比之下，您的军队在进入关中后，纪律很好，没有骚扰百姓，还废除了秦的苛法，与民约法三章，所以得到了关中百姓的拥护。本来您应当做关中王，这是百姓都知道的事，项羽却让您做了汉中王，关中的百姓对此很不满意。现在大王向东发兵，三秦之地必定被您占有。”

刘邦连忙说：“将军雄才大略，真是相见恨晚啊！”

刘邦接受了韩信的计划，积极准备东征。

正在这时，传来关东地区诸侯叛乱的消息。刘邦对韩信说：“真是天助我也!”于是刘邦趁项羽忙于镇压诸侯叛乱之机，派韩信率大军出动，明修栈道，暗度陈仓，出其不意地用兵关中。关中人民早就痛恨降将的统治，盼望汉王的到来，纷纷开城迎接汉军。刘邦很快就平定了三秦地区，为以后战胜项羽、夺取天下取得了一块稳固的根据地。

韩信分析天下形势，抓住项羽的弱点，做出了先出兵汉中，平定三秦的决策，这是刘邦走向成功的第一步深远的战略。

贤士张良

楚汉战争进入了第三个年头，项羽人多势众，把他的对手刘邦围困在荥阳一带。

寒冬已经来临，北风呼啸着。荥阳城内，一堆篝火燃了起来，劳累了一天的士卒早已进入了梦乡。然而汉王刘邦却一点睡意也没有。粮饷没了，军心浮动，将士缺衣少食，战斗力锐减，形势在一天天地恶化。

刘邦坐在篝火旁，陷入了沉思，这时，谋士郦食其走过来问道："大王，您在想什么？"

"眼下项羽兵围城下，先生有何对策？"刘邦今天显得特别谦和。

“以臣所见，大王如想做天下的霸主，必须对部下施恩德。”郦食其答道。

“何以见得？”刘邦疑惑不解。

郦食其对刘邦施礼说：

“当年商汤讨伐夏桀，把夏的后代封在杞地；周武王讨伐殷纣王，把殷的后代封在宋地，秦国抛弃德义，侵伐诸侯，消灭六国，使六国的后代没有一寸土地。陛下如能立六国的后代，使他们各自为王，天下人都会感激陛下的恩德，前来称臣归附于您。德义行遍天下，便可以做天下的霸主。到那个时候，项羽也要前来朝见您的。”

刘邦说：“这是个好主意，我马上令人快些刻制印玺，您带上这些印玺到各地代我封六国的后代为王吧！”

在郦食其尚未启程之前，张良从外地赶回来，拜见刘邦。刘邦正在用餐，见张良前来，便把郦食其削弱项羽的计谋向张良详细地讲述一遍。刘邦洋洋得意地问道：“这个计谋怎样？”

张良大吃一惊，大声问道：“是谁给陛下出的馊主意？这样的话，陛下争夺天下的大事将要被断送了！”刚才还兴致勃勃的刘邦一下子困惑起来，紧皱着眉头，问道：

“何以见得？”

张良说：“当年商汤把夏的后代封在杞地，是因为能把夏桀置于死地，现在陛下能把项羽置于死地吗？”

刘邦回答：“不能。”

张良又问道：“当年武王把殷的后代封在宋地，是因为武王能砍下殷纣王的头，现在陛下能把项羽的头砍下来吗？”

刘邦回答：“不能。”

张良说：“当年武王封比干的墓，释放箕子，现在陛下有能力封贤人的墓吗？”

刘邦急忙回答：“不能。”

张良说：“当年武王克殷后把武器收藏起来，向天下人表示不再用武器，目前你可以这样做吗？”

刘邦回答：“不行。”

张良又说：“当年，武王将牛放进桃林，表示不再用牛运送粮草，现在陛下也可以这样做吗？”

刘邦汗流满面，急切地回答：“不可以。”

张良说着从饭桌上拿起一把筷子，说：“目前大王人少势寡，处境危险。人们之所以跟从您南征北战，不就是为了成功后得到封侯吗？现在立六国后代为王，天下的人才都会各自去侍奉他们的主人，那么还会有谁为您打天下？况且，目前处境险恶，陛下实力不够，又有多少土地可以分封呢？”

刘邦听张良这么一说，气得饭也吃不下去，骂道：“郦食其这小子，几乎误了我的大事！”

说完，刘邦下令销毁已经刻好的印玺。

张良的话句句命中要害，字字耐人寻味，刘邦听忠言，用贤能，使刘邦避免了一次大的失败。

高筑金台

燕国是战国七雄之一，都城在今天的北京市。公元前311年，燕昭王即位的时候，燕国刚刚经历了一场浩劫：先是燕王哙禅让王位给宰相子之，诱发一场内战；接着是齐国乘机派兵干涉内政，齐军击败燕军主力，攻破燕都，杀了燕王哙和子之。

燕昭王一心要重建燕国，报仇雪恨。他放下君王的架子，带着丰厚的聘金，到燕国贤者郭隗家去求教："齐国乘我们内乱来袭击，攻城掠地，害得燕国满目疮痍。我知道现在还不能马上报仇，但是我愿意招贤纳士，共同治理好国家，将来一雪先王之耻。您看我该怎样对待贤才呢?"

郭隗说："称帝的君主，和师傅交往；称王的君主，和朋友交往；称霸的君主，和臣下交往；亡国的君主，和仆役交往。卑躬屈节地尊敬贤人，面朝北拜贤人为师，这样做，胜过自己百倍的人才就会来；在贤人前边恭恭敬敬地带路，贤人坐下休息了，然后才落座，先虚心请教，然后默默地聆听，这样做，胜过自己十倍的人才就会来；让贤人在前面走，自己跟在后面走，这样做，与自己水平相似的人才就会来；胳膊倚在桌子上，手里拿着拐杖，斜眼看人，用手比比划划地支使人，这样做，仆役奴婢就会来；吹胡子瞪眼，举手就打，动脚就踹，张口就骂，这样做，囚徒罪犯才会来。这是自古以来尊敬贤士、招揽人才的法则。大王您如果能广选国内贤才，登门拜访，那么天下的贤才就都会聚集到燕国来了。"

燕昭王问："那么我先登门造访拜谁为师合适呢？"

郭隗说："我听说古代有一位君王，想得到一匹千里马，悬赏一千两黄金，可是三年也没得到千里马。这时有一个在宫中做清洁工的人对君王说：'我替您去寻求千里马。'于是他带着一千两黄金出去找千里马。三个月后，找到了一匹千里马，可是马已经死了。清洁工就用五百两黄金买下了马头，回来向君王交差。君王大怒：‘我让你买活马，你怎么花五百两黄金买回一匹死马的脑袋?’清洁工说：‘死马还用五百两黄金买下，何况活马呢？这回天下人一定会认为大王您舍得花钱买千里马了。等着吧，千里马就要来了。’不到一年，果然千里马牵来了三匹。大王现在如果诚心诚意招揽贤士，就先从我郭隗开始吧！就连郭隗这样的人，都奉若上宾，何况比我贤明的人呢？他们肯定会不远千里来投奔大王的。”

于是燕昭王给郭隗修筑了一套高级住宅，并拜他为师。又在都城外兴建一座高台，里面放着一千两黄金，名叫黄金台，专门为接见贤才而设立的。

这件事一传开，天下贤士都汇集到燕国来了。乐毅从魏国来，本来是为魏国出使燕国。燕昭王待如上宾，乐毅深受感动，愿为燕效力，于是拜为亚卿。后来，燕昭王听从乐毅的计谋，联合赵国、楚国、魏国，合谋伐齐，委任乐毅为上将军，长驱直入齐国。乐毅率燕军攻克齐都临淄，终于报了齐国乘乱袭燕这个仇。

还有齐国的邹衍，是一位大学者，对阴阳地理很有研究。他到燕国来讲学的时候，燕昭王用双手抱着大扫帚，一步一步地后退，把道路扫干净，好让邹衍安安稳稳地迈步前行。邹衍讲学，燕昭王亲自坐在听课席上，与弟子们一同听讲。又为邹衍修了一座碣石宫，让他住在宫中，燕昭王多次前去拜访请教。

燕昭王招揽人才的诚意至今传为美谈，他修筑的黄金台永远耸立在人们心中。

三顾茅庐

东汉末年，天下纷争，军阀割据。曹操挟天子以令诸侯。官渡之战后，刘备带领关羽、张飞投奔到刘表处。刘表拨给他一千人马，并让他屯驻荆州境内一个偏僻的新野县城。刘备身为皇室之胄，一心想恢复汉室江山。但他的人马还很有限，为了能在荆州立足，他求贤若渴，经常亲自访求人才。为表示对前来投奔的英雄豪杰的尊重，刘备在新野县议事堂隆重地接见他们。

刘备手下有个谋士叫徐庶，此人足智多谋，深得刘备的信任。徐庶也觉得刘备胸怀大志，将来定能成就大业。有一天，他对刘备说：

“我向主公推荐一个人，此人复姓诸葛，名亮，字孔明，人称卧龙先生，现隐居在隆中，这是一位具有远见卓识，文能治国，武能安邦的栋梁之才，他一定能帮助主公

成就大事。”

“既然此人如此有才能，就烦劳你辛苦一趟。把孔明先生请来见一面如何?”刘备听后说道。

“主公，此人非同常人，恐怕在下请他不动啊！还是请主公亲自光临为好，或许这样才能请他出山。”

“说得有理，是我们请人家来帮助我们，怎么能让人家自己来呢?明天我们就上路。”

从新野到隆中，几乎都是崎岖的山路。刘备带着关羽、张飞，拿着厚礼，前去拜谒孔明。他们来到卧龙冈，只见三间草庐坐北朝南，几人从马上下来，上前叫开柴门，开门人告知孔明先生出门访友去了，不在家，一时半会儿回不来。刘备等人无奈只好上马返回新野。

过了几日，刘备又迫不及待地再次去卧龙冈。可到地方一问，诸葛亮又没在家。他们等了好长时间，也未见诸葛亮回来，只好又一次扫兴而归。

第三次刘备又要去请诸葛亮，关羽和张飞有些不耐烦了。他们对刘备说：“这个诸葛亮也太不近情理了，让大哥三番五次去请。想必他是一介村夫，没什么本事，不敢和我们见面。不如让我们兄弟二人用绳子把他捆来算了，

别再劳动大哥前去了。”刘备急忙阻止道：

“诸葛先生是个难得的人才，我必须亲自去请，以表示我们的诚意。”经再三的解释，总算说服了关羽和张飞，三人又来到了卧龙冈。这次他们总算是见到了孔明先生。其实，诸葛亮早已知道刘备要请他出山，前两次，他是故意躲出去的，想试探一下刘备的诚心。他将三人请到草庐之中，谦虚地说：

“三位将军三顾草庐，本人才疏学浅，深感愧疚，还望见谅。”诸葛亮被三顾茅庐的刘备所感动，二人在茅庐之中，为刘备今后的发展制订了一条避实就虚的发展方向。即回避北方兵精粮足的曹操和东南地险民服的孙权，只有向西夺取昏庸无能的刘璋所据的蜀地，形成三分天下的鼎足之势。这就是著名的“隆中对策”。刘备认真地听完了诸葛亮的局势分析，简直佩服得五体投地，更觉相见恨晚。恭恭敬敬地站起身来，向诸葛亮施礼道：

“先生的高见，如同一剂良药，驱散了我心中的愁云。我恳求先生出山，助我一臂之力，共图统一天下的大业。”

诸葛亮接受了刘备的邀请，随他走出了隆中。刘备拜他为军师，二人事事都在一起商量，形影不离。刘备高兴地说："我得到孔明，如鱼得到水一样啊！"

在诸葛亮的辅佐下，刘备下西川，取成都，建立了可以与曹操、孙权相抗衡的蜀汉政权。

作为智慧化身、忠君楷模的诸葛亮，一生为刘氏政权呕心沥血。士为知己者死，三顾茅庐的一片诚意，换得诸葛亮五月渡泸，六出岐山，直到五丈原巨星陨落。

秦王选贤

李世民即位之时，中央政权的基础还不十分稳固。所面临的首要问题是稳定局势，建立以自己为核心的最高领导集团。他接受了尉迟敬德提出的“杀人太多，不利于天下安定”的建议，采取了宽大安抚和任用东宫属僚的政策，缓和了统治集团内部的矛盾。后来有名的谏臣魏征就是原来太子李建成的幕僚，李世民曾当众责备魏征离间其兄弟之情，但魏征坚持不屈，还为李建成没有听从他的忠告，最终败给了李世民而遗憾，对此唐太宗十分赏识。钦佩魏征忠心耿耿，有胆有识，不仅没有为难他，而且还提升他为谏议大夫，在自己身边参与决策。

在稳定局势的同时，李世民又着手整顿父亲在位时的宰相班子，以知人善任的原则，逐步建立起了以自己为核心的最高决策集团。这个班子汇集了当时最杰出的人才，在政治上呈现出明显的朝气和进取精神。随后。太宗又对中央机构进行了一系列的改革，改造了三省六部制，为唐宰相制度奠定了基础。为使中央各部门之间相互监督，太宗特别强调在实践中坚持讨论、封驳、执行相结合的原则，推行“五花判事”制度。与此同时，行政机构也得到精简，贞观初年文武官员总共只有六百四十员。精简后的国家机器，效率得到了提高，既节省了财政开支，又减轻了人民负担。通过对领导班子的改革，李世民不仅牢牢地巩固了自己的地位，而且也为进一步励精图治、开创贞观之治的新局面奠定了基础。

李世民从秦王到皇帝，伴随着隋王朝的土崩瓦解，整个过程，波澜壮阔。贞观初年的形势，对刚刚登上皇位的唐太宗李世民来说是不容乐观的。当时，统一战争刚结束不久，社会矛盾还没有完全缓和，民心还不十分安定，而且全国各地的自然灾害也不断发生，社会经济仍然凋敝不堪。如何治理这个国家，成为他所面临的重要问题。李世

民既亲身经历了打江山的残酷斗争，深知创业之难；又从隋炀帝身上，悟出守业更难的道理，这使他时刻保持清醒。因此，在唐太宗身上，总能看到一种来自农民革命风暴对地主阶级的震撼力量，这种力量使他能兢兢业业，居安思危，励精图治。面对隋朝灭亡的历史教训和贞观初年百废待兴、百乱待治的局面，唐太宗经过深深的思考，决定以大治天下作为自己的施政方针。

治国方针确定以后，唐太宗首先抓了国家的政治建设，把任贤和纳谏作为保证政治的两条主要措施。贞观初年的官吏，大多是跟随李渊父子攻伐四方，统一天下的功臣，他们虽能为李氏王朝骑马打天下，但却不能下马治国家。对于行军打仗，他们无所不能，但面对烦琐的政务，却只能束手无策。因此，唐太宗李世民要想大治天下，就必须任用一批能治理国家的人才，因而他不拘一格，选拔人才。他不计个人恩怨和私利，任人唯贤，不避远近亲疏。他手下的文武大臣有隋朝旧臣李纲、封伦；来自农民起义军瓦岗军的徐世勣、秦叔宝、程咬金等；而魏征就是太子李建成的部下。唐太宗有一句话，叫做内举不避亲，外举不避仇，可以说是对他用人方针的生动概括。

唐太宗为更大程度地甄选人才，为自己所用，他设立了“弘文馆”，以管理学校，著书立说，培养选拔人才。太宗还亲自视察国子监和太学，增筑学舍，增加学员。此外，唐太宗还沿用了隋炀帝所制订的科举制度，并在此基础上加以发展，设立许多考试科目，进士科是其中最重要的科目。这些措施的施行，促进了封建文化的发展，使贞观时期成为唐代教育史上的黄金时代。

李世民采取求贤纳才、知人善任的用人政策，不拘一格选拔人才，使得在他统治时期，整个朝廷人才济济，群贤荟萃。公元643年，李世民曾将其中的佼佼者画在凌烟阁内，这二十四位功臣是长孙无忌、房玄龄、杜如晦、魏征、尉迟敬德、李孝、高士濂、李靖、萧禹、段志玄、刘弘基、屈突通、殷开山、柴绍、长孙顺德、张亮、侯君集、张公理、程知节、虞世南、刘政会、唐俭、李绩、秦叔宝。除了精通政务的人才，李世民还重用姚思廉、陆德明、孔颖达、颜师古等著名的文学家；欧阳询、褚遂良、阎立德、阎立本等卓越的书法家和画家；阿史那吐乐、执失思力等杰出的少数民族将领。这些谋臣猛将、文人学士都为唐太宗大治天下出谋划策，为后人称颂的“贞观之治”贡献了自己的才干和智勇。

在大力选拔人才的同时，李世民还进行了法制的改革和建设，采取了慎刑宽法和严格加强法制的措施，为实现大治天下的治国方针提供了法律上的保障，创造了良好安定的社会环境。

李世民将赏功罚过作为法制改革的标准，任命房玄龄、长孙无忌在参考《武德律》的基础上制定了封建社会最完备的法典《贞观律》。后来长孙无忌又在李世民的支持下，组织了十九名法学专家为《唐律》作注，完成了《唐律疏议》。五代以后的各朝法律大都以此作为蓝本相应增删。

此外，《贞观律》还是唐朝的宪法，它包括“律、令、格、式”，从国家制度到社会经济生活，以及民间的婚丧嫁娶等方面，都有详细规定。凡是违犯律、令、格、式的，一律按法律处理。《贞观律》规定了一千五百四十六条国家的制度和政令，称之为“令”；又将武德九年的制律从三千条精减为七百条，规定了文武百官的职责范围，作为考核官员的依据，称之为“格”；还规定了尚书各部和诸寺、监、十六卫的工作章程，称之为“式”。

同时，李世民又亲自选拔了一批正直无私、断狱公平的人担任法官，并亲自检查法官对案件的处理情况，以保证律、令、格、式的贯彻执行，并将死刑的终审权收归中央，以免出现冤案。同时，唐太宗还规定对死刑要三次上报中央，被批准后才可执行。

制订法律以后，李世民以身作则，执法如山，对自己的亲属和部属要求非常严格，如有触犯刑法者，严格依法处理，从不徇私枉法。这就使得法律得以顺利地贯彻，在中央和地方政府中起了积极的作用，使贞观初期逐渐形成了执法严谨，令行天下的好风气。

唐太宗提倡戒奢崇简，并以身作则。他即位的第二年，关内发生了严重干旱，百姓无以为生，只得卖儿卖女。唐太宗知道后，立即下令用自己专用财物赎回被卖出的孩子，归还其父母。唐太宗即位后，居住的还是隋朝建造的宫殿，这些宫殿大都破旧不堪。作为一个新王朝的君主，李世民本来可以大兴土木，另建新的宫殿，加上他自己患有“气疾”，住房地势偏低，夏季暑热，常常犯病。大臣们劝他重建高楼深苑，他嫌劳民伤财，没有同意。

唐太宗还严厉禁止厚葬和奢侈行为，因而逐渐形成崇尚节俭的风气，出现了一大批以节俭闻名的大臣，这就减轻了国家和人民的负担，促进了社会经济的恢复和发展，为休养生息、社会安定创造了条件。李世民还特别重视农业生产和农民生活。

当时，由于长期战争的破坏和自然灾害的影响，经济破败，民户凋残。面对这种困境，唐太宗一方面大力提倡戒奢崇简，节省开支；另一方面又积极地推行轻徭薄赋，与民休养生息的政策，使农民得以逐步恢复生产，重建家园。他全面推行、推广均田制，招抚失去土地逃亡的农民，给他们土地，鼓励他们从事农业生产。为解决耕地不足的问题，他一再缩减苑囿占地面积，以增加农民耕地。由于均田制得到贯彻、推行，贞观年间的农业生产得到了迅速的恢复和发展。为减轻农民的赋役负担，碰到自然灾害，李世民还下令减免租赋，同时还大力倡导兴修水利，以增强抵抗自然灾害的能力。

在经历了隋末农民起义，地主军阀混战和唐朝统一天下的战争后，全国劳动力普遍缺乏。为了增加人口，唐太宗下令将男女结婚的年龄提前，规定男 20 岁、女 15 岁就可以结婚，并把婚姻和户口的增加列为考核地方官员政绩的一个标准。这就迅速增加了全国户数，为农业生产提供了大量的劳动力。

由于唐太宗采取了一系列有利于农业发展的积极措施，使社会经济很快得到了恢复。贞观初年，中原一带还是“茫茫千里，人烟断绝，鸡犬不闻，道路萧条”，到贞观中期，中原出现了牛马遍野、丰衣足食、夜不闭户、道不拾遗的升平景象，成为太平盛世。由于社会经济得到了恢复和发展，唐朝在当时世界上的地位和影响日益显著，并为后来的“开元盛世”奠定了基础。

贤相玄龄

唐太宗即位后，对群臣论功行赏。房玄龄、杜如晦等五人功居第一。

贞观三年（629）二月，房玄龄改任左仆射。唐初的左右仆射就是宰相。

房玄龄是一位卓越的实干家，一批出色的高级官员被他陆续荐举给朝廷。他担任宰相后，首先裁减大量的冗员。唐太宗曾对房玄龄说："官在得人，不在员多。"根据唐太宗的诏令，房玄龄在贞观初年对在职官员进行大量裁并，全国根据地理位置的划分，设十道，三百余州。这是贞观初年全国性的一次重大行政改革。

房玄龄不仅果断地裁去大量冗员，且能因才授任，选贤任能。唐太宗重视选才用人，他认为，“致治之术，在于得贤”。他确定宰相的首要职责是求访贤才。唐太宗还下令把宰相担负的具体政务交给左右丞处理。宰相集中精力处理大事和挑选人才。这为房玄龄选贤任能创造了极好的条件。

早在秦王府时，房玄龄就发现杜如晦聪明识达，有佐王之才，就向秦王李世民推荐，从此，李世民开始重用杜如晦。后来果然证实，杜如晦辅佐太宗，功勋卓著，成为与房玄龄齐名的贤相。

房玄龄选用人才，重才也重德，他推荐的李大亮，不但文武全才，而且品德优异。房玄龄本人则为官清廉，生活俭朴，竭心奉公。房玄龄称李大亮可以当大位，唐太宗拜任李大亮为左卫大将军，兼领太子右卫军，又兼工部尚书，身居三职，甚为器重。

薛收是个卓有文才的读书人，经房玄龄的推荐，为太宗任用。太宗征伐时的檄文、捷报，大多出于薛收之手。可惜薛收只活了 33 岁，唐太宗感到很惋惜。

对唐太宗任用的人，房玄龄认为不合适的，也不苟用。贞观二十一年（647），太宗要拜李纬为吏部尚书，想听听房玄龄的意见。房玄龄认为不合适，唐太宗便改变了原来的主意，改任李纬为洛州刺史，可见房玄龄的意见在当时何等重要！

贞观时期人才济济，吏治清明。去冗员，对唐朝政治、经济的巩固和发展无疑有着重要的实际意义。裁减大量官员，就能够为国家节省财政支出，减轻了人民的负担，使人民得以休养生息，发展生产，繁荣经济。

可法探师

提起史可法的名字，人们大都知晓，他是明朝末年抗击清兵的名将，是一位颇有民族气节的爱国英雄。青年时代的史可法曾受到老师左光斗的谆谆教诲，老师那忧国忧民的胸怀，刚烈忠义的气节，对他产生了深刻的影响。史可法尊师、重师、敬师，给我们留下了生动感人的故事。

明朝末年，宦官魏忠贤专权，干了许多祸国殃民的事情。担任左佥都御史的左光斗曾同杨涟等几位大臣一起，冒着生命危险向皇帝上疏，揭露魏忠贤误国害民的罪行。魏忠贤得到消息后，便恶人先告状，向皇帝进了谗言。昏庸的皇帝听信了他，将有功于国的左光斗削职为民了。第

二年，魏忠贤又罗织了大量的罪名，把左光斗投入监狱。

史可法得知老师被捕的消息后，为营救老师出狱而四方奔走，都未奏效。一天，史可法听说老师在狱中受到了一种叫炮烙的酷刑，已生命垂危了。史可法设法潜入了监狱，向看守在那里的狱吏苦苦哀求，请求让他与自己的老师见上一面。狱吏见他对老师有如此的情义，深为感动，为他想出了一个能够见到老师的办法。于是史可法乔装打扮，穿上破烂衣服，背上粪筐，装扮成粪便清扫夫的模样，混进了监狱。

漆黑的监狱阴森可怖，厚墙铁门里关押着那些敢于直谏忠言的人。史可法一个个房间寻求打探老师的下落，最后在走廊尽头的一间窄小阴潮的暗牢里找到了左光斗。借着一条墙缝透过来的微弱亮光，史可法看到自己的老师全身被烧灼得皮开肉绽，躺在铁门的栏杆边，已经气息奄奄了。膝下的肌肉已经大片地脱落，露出了黑黄的骨头。史可法见到老师为了国家而被残害成这个样子，异常悲痛，忙扑上前去，跪倒在左光斗的面前，低声哭起来。

“你是谁呀?”被酷刑烧伤双眼的左光斗在朦胧中感到有人来到了自己的身边，用颤抖的双手在史可法的身上摸索着。

“门生史可法……前来……看望恩师了。”史可法一边抽泣着，一边回答道。

“什么！是你?”一听说史可法来到这里，左光斗十分生气，因为他知道自己是一个被打入死牢的囚犯，在当时大兴株连案，魏忠贤一伙如果知道他们在监狱会面，势必要连累了自己的学生。他用手掰开自己的眼皮，看了学生一眼，然后厉声道："这是什么地方，怎么能拿自己的生命当儿戏。走！赶紧走!!"

史可法当时萌生了要与老师共生死的念头："门生不走了，要在这里服侍老师。"他诚挚地恳求着。

"我要你马上就走!"老师厉声命令道。接着说："魏忠贤一伙奸党肆虐横行，坑误社稷，国家大事坏到这步田地，搅得上下不宁。我身陷囹圄，大刑在身，已经不行了。老师唯一的希望是指盼你们能为民请命，承担起救国救民的重任。而你居然不顾利害，自投罗网，这样会因小失大，国家未来之事将依靠谁呢?"

史可法依旧僵跪在老师的身边，不肯离去。

"你赶快出去！不然，与其等着奸党对你下手，不如我现在就处治你。"左光斗一边生气地说着，一边猛地坐起，举起手腕上的铁链，比划着要向自己的学生打去。

史可法无奈只好向老师叩了个头，一步一回头地走出了监狱。

史可法牢记老师狱中的话，一生为官贤明方正，做了许多件于国于民有益的大事。后来在抗击清兵入侵的战斗中，与扬州城共存亡，大义凛然，慷慨赴死，成为一位名垂青史的英雄。

史可法不顾生命危险狱中探师，足以显示出他的惜才爱才之心。

苻坚重才

苻坚是十六国时的秦王，为复兴苻氏的大业，他在吕婆楼的推荐下请来了王猛。

王猛少时家贫，不拘小节，但意志坚强，学识渊博，精通儒学和兵学，隐居在华阴山中。东晋的大将桓温曾会见王猛，二人谈论当时的政治局势，王猛一面捉着身上的虱子，一面与桓温侃侃而谈，旁若无人，从容镇定。桓温觉得此人很奇怪，当王猛一语道破他的疑问时，桓温大吃一惊，更觉王猛确实是有本事有谋略的高人。

苻坚得知王猛的情况后，如获至宝，将王猛请来，二人畅谈国事，苻坚见王猛果然是雄才伟略，胸襟开阔，对

他非常信任，对手下的人说：

“我得王猛，如刘备得孔明也。”

苻坚任命王猛为中书侍郎，派他去治理社会秩序。有个地方盗匪横行，百姓如惊弓之鸟，日夜寝食不安。王猛到任后，立刻颁布法律条令，严惩罪犯，果断地处决了一名罪大恶极的坏分子。当地的恶势力为了报复王猛，借机对他进行造谣诽谤。苻坚开始不明真相，问道：

“你刚到没几天就乱杀人，这难道是治国之道吗？”

王猛答道：“臣以为太平盛世，应以礼制治国，而今盗匪滋事，只有严刑重法，方可以震慑奸邪，才能从根本上杜绝恶势力，如若不加以严惩，岂不有违陛下的重托吗？”

苻坚听后甚觉在理，就提升王猛为尚书左丞，兼咸阳内史和京兆尹。不久，又升为吏部尚书、左仆射、辅国将军等，连升五级。许多贵族见苻坚如此重用王猛，很嫉妒他，想方设法诋毁王猛的名誉，有的大臣还公开侮辱他说：

“你没给国家立下汗马功劳，竟然坐享其成，反倒管起我们来了，真是岂有此理。”

苻坚听说后，找来了这位大臣，对他训诫了一番，可这位大臣仍不改悔，竟然破口大骂，苻坚便将他处死，其他人也就不敢再随便诽谤王猛了。从此，王猛得以放心大胆地严格执法，无论地位尊卑，皆依法行事。有一个皇室人员酒后无德，调戏良家妇女，危害百姓。王猛依法将其暴尸街头，使京城的秩序大为好转。

苻坚称赞道："我现在真正明白了王猛的主张是对的。治理天下必须有法，天子和国君才显得崇高和伟大。这都是王猛的功劳啊!"

在王猛的建议下，苻坚注意选拔德才兼备、廉洁奉公的人，重视农业生产，兴修水利，奖励农桑，鼓励工商业的发展，使国内呈现一派繁荣祥和的景象，为苻坚统一北方奠定了坚实的基础。公元370年，苻坚又亲自统兵灭掉燕国。

苻坚诚恳地对王猛说："有了你的大力支持和辅助，我就像周文王遇到了姜尚一样，以后可以高枕无忧，安度晚年了。"同时告诫他的后代们，也要像自己一样对待王猛。

王猛因多年来为国事操劳，呕心沥血，积劳成疾，病倒了。他在病中还向苻坚上书进谏。苻坚经常去探望他，为他请医生治病，派人找最好的药给他吃，但无论怎样努力，王猛终因操劳过度而离开了人世。苻坚悲痛欲绝，他情不自禁地向苍天发问：

“难道老天爷不让我一统天下吗？为何这么早就夺走了我的丞相，这是上天在捉弄我！”

苻坚为王猛举行了盛大的葬礼，全国上下为他悼念三天，百姓哭声不断。

苻坚独具慧眼，不因王猛的不拘小节而求全责备，不因左右亲信的诋毁而动摇对王猛的信任。一个礼贤下士的君主，并不苛求别人的尊敬和顺从。

程门立雪

宋代著名的儒学家、“程朱学派”的创始人程颢、程颐兄弟二人，学识渊博，名声远噪。有许多学子纷纷上门拜师求学，二程成了很多文人学士心目中的偶像。

当时有两位学者，一个叫杨时，一个叫游酢。二人都很有学问，也有许多文章和作品问世，小有名气，但他们仍坚持学习，潜心治学，刻苦深造，力求在学业上有更多的建树。他们二人早就知道程氏兄弟很有学问，所以不远千里从南方北上求师。

他们二人先是拜程颢为师，对程颢的学说钻研不懈。程颢也认真地传授给他们知识。学生学而不厌，老师诲人

不倦，其乐融融。可是好景不长，程颢不久便因病去世了。两位学生悲痛万分，他们永远地失去了一位好老师。但他们并没有因此而终止求学，打算转拜程颐为师。这时他们都已是四十多岁的人了。旁人都劝他们说：“以你们现在的资历和官位，足可以坐享功名利禄，不必浪费时间去拜师求学了。”而他们二人却说：“学无止境，我们与程颐先生相比还差得很远很远，哪里敢故步自封。”

一个寒冷的冬日，伊河洛水一带冰天冻地。他们二人已约好到程颐家拜师求教。两人来到程颐的宅邸，在经过书房的窗户时，发现程老先生正坐在摇椅里，闭目而睡。二人深知先生整日讲学思考问题，难得有这片刻的休息，还是不要打扰他了。二人就轻手轻脚地退到大门边等候。

其实，程颐根本没睡觉，只是在闭目养神，刚刚看了半天的书，眼睛和大脑都很疲乏。他早已听到有客人来访的脚步声，并在半睁半闭中看出是杨时和游酢二人。以前他就听哥哥程颢夸奖过这两位学生，常说他们在学习上特别能吃苦，猜中他们是来求学的，就故意装睡，一动不动，想考验一下这两位有身份、有地位、年龄也较大的学生拜师是否出于真心。过了好长一段时间，不知是什么时候天气骤变，乌云密布，鹅毛般的雪片随着呼啸的北风飘了下来，气温急剧下降。衣着不多的杨时、游酢二人开始感到冷了起来，尤其是两只脚冻得难以忍受。但他们却不能跺脚，怕跺出声来会吵醒老师，所以就一动不动地站在那里，任凭风吹雪打。时间就这样一分一秒地过去了。程颐也觉得时间很长了，就睁开双眼，把他们请到屋里，故作惊讶地说："啊！啊！天气这么冷，你们还在这里呀！"

二人急忙答道："晚生已在此恭候多时了。"

程颐见二位学生如此诚心，就亲手帮他们掸去身上厚厚的白雪，看他们脸冻得红红的，脚上的鞋都湿了，刚才站过的地方两对一尺深的脚印清晰可见。程颐深深地被他们虚心求学、尊师重教的精神所感动，当即收下了这两位品学兼优的学生。在程颐的悉心指导下，他们的学业进步很快，成为程门有名的学子。

后来，由于朝政腐败，杨时已厌倦官场，决定要回到南方老家去，临行前他特地到老师家里告别，十分感谢老师多年的指点和教诲，立志继承老师的志向，宣扬理学。程颐语重心长地告诫了学生一番，最后动情地说：

“吾道南矣！”意思是说：我的主张、我的学说，从今以后随着杨时的南归而到南方去了！语中寄托着老师对弟子的希望和深情。

恩威并举

西晋建立之初，晋武帝司马炎想灭掉偏安江南的吴国，完成统一大业。

一天，司马炎召来几个亲信大臣，商讨灭吴策略。

司马炎很有感触地说："自东汉末年以来，国家已经分裂数十年，朕做梦都想平定天下。"

"依老臣之见，现在渡江灭吴，时机尚未成熟。晋国的水师还不强大，难以突破长江天堑；国家初创，重要的是笼络人心。"羊祜是一位忠厚的老臣，看问题很有远见。

"哦，那么依您之见，晋国该采取什么对策呢？"司马炎饶有兴趣地问道。

“恩威并举。用政治分化收买人心，用军事手段施加压力，等待时机，吴国就会不攻自破。”羊祜答道。

司马炎听罢，连连点头称是。

羊祜举荐益州刺史王濬在巴蜀训练水军，制造船舰，以便战时顺江东下，突破吴国的长江防线。

王濬到益州后，集中能工巧匠一万多人，不分昼夜建造战舰，最大的楼船有一百二十步长，可以装载士兵二千多人。水师日夜操练，逐渐地，西晋的劣势变成了优势。

荆州是西晋与东吴的前沿阵地，两国在这里一向剑拔弩张，相互对峙，气氛十分紧张。司马炎委派羊祜都督荆州军事。

羊祜到荆州后立即派遣使者向东吴荆州守将陆抗问好，并送去酒药，以昭信义。使者对陆抗说：“我们两国友好相处，对谁都有好处。晋国需要和平，不希望战争的出现。”陆抗是东吴的名将，当然知道羊祜的意图，但是礼尚往来，他也不好拒绝，于是也遣使到晋国这边问好。

羊祜又裁减了守备巡逻的部队，原来戒备森严的边界变成两国友好往来的通道。吴国老百姓的牲畜跑过来了，允许过境捉回去；晋国士兵骚扰了吴国百姓，羊祜就把这个士兵抓起来，交给东吴人处置。还有一次，晋军缺乏粮食，收割了吴国百姓的庄稼，就按照粮价，用绢偿还。边境的老百姓对晋军变得亲近起来。

吴国皇帝孙皓是个暴君，朝臣中谁有不同意见，他就叫太监牵出斩首，弄得朝廷大臣人人自危。东吴将领孙秀战败投降了西晋，孙皓就杀了他的全家，而司马炎却给予孙秀重赏，并重用为中郎将。

眼看着晋国就要发动进攻了，孙皓仍毫不戒备。建平太守吾彦报告说：

“近来从长江上游经常漂来废料木屑，臣推想一定是晋国军队在益州造船，训练水师，望陛下早做防备。”

孙皓把上书随手扔到一边，说：“吴国在长江中锁上了铁链，晋国水师插翅也飞不过。”

几年后，形势的发展对西晋越来越有利了，羊祜不失时机地上书司马炎。他说：

“现在江淮的险阻，不如剑阁；孙皓的残暴，远远胜过刘禅；吴人的困苦，超过蜀汉。而晋国的兵力比以前更加强大了，应该趁这个时候平定吴国，统一海内。”

公元 280 年，晋武帝司马炎发兵二十万，兵分六路水陆并进，大举进攻吴国。王濬率领水师很快突破了吴军在长江中设置的锁江铁链，击溃了吴国水师，顺江东下，直逼吴国都城建业。杜预率领的主力在荆州轻易地突破吴军防线，没有经过什么大的战役，就进军到建业城下。吴国百姓早就痛恨孙皓的残暴统治，暗中给晋军当内应，送情报，吴军将士也纷纷倒戈，军心涣散。孙皓众叛亲离，被迫到王濬军前请降，吴国就这样灭亡了。

司马炎采纳羊祜的建议，成功地运用了在政治上、军事上恩威并举的措施，取得了灭吴战争的胜利。

知人善任

李善长（1314—1390），字百室，南直定远（今安徽定远）人。李善长年少时读过一些书，很有智谋，熟习法家学说，谋划都能切中要害，朱元璋攻占滁州一带时，李善长前去拜见。朱元璋知道他是当地知名长者，留下他担任幕府书记的职务。一天，朱元璋向其请教道："四面八方都在打仗，天下什么时候才能平定呢?"李善长回答说："秦末大乱，汉高祖以一布衣平民起兵，心胸开阔，很有气度，知人善任，不喜欢乱杀人，因此五年成就了帝王事业。如今元朝纲纪已经败坏，天下土崩瓦解。您出生在濠州，那里距离汉高祖的家乡沛地不远。山山水水呈现出帝王气象，您是当然秉受了的。只要您效法刘邦的所作所为，天下不难以平定。”朱元璋听后称赞他说得好。从此把他当做心腹，参预机密谋议。李善长筹划粮饷，制定战略非常能干，因此更得朱元璋的信任。朱元璋的威名越来越大，众将前来投靠的，李善长考察他们的才干，荐举给朱元璋，又代朱元璋表达诚恳的心意，使众将都能安心。有时众将因事互相闹意见发生不合时，他耐心地为他们调解。郭子兴由于听信了流言蜚语，有一段时间对朱元璋起了疑心，夺去他的部分兵权，又想把李善长夺过去辅佐他，李善长坚决谢绝不去。因此朱元璋更加器重他。朱元璋屯军和阳，亲自率领军队攻打鸡笼山寨，只留下少数兵士帮助李善长留守和阳，元朝大将探听到那里的情况前往袭击，李善长设下埋伏击败了元军，朱元璋对他更是刮目相待。

朱元璋收编了元巢湖水军以后，李善长极力劝说他渡江攻占集庆（今南京），以做为自己发展的根据地，朱元璋接受了建议，先率军攻下采石，大军直逼太平，李善长事先书写好禁止军队掳掠的告示，并让将士们攻打下城池以后，马上张贴在大路两旁，因此朱元璋的军队纪律严明，没有人敢违反禁令。最后朱元璋终于攻占集庆，从而确定了自己的基础。在准备夺取镇江的时候，朱元璋担心众将不能约束部下，因此假装发怒，对以前有违反军纪的要重处他们，而李善长出面营救才得以赦免。所以占领镇江以后，军纪严明，百姓还不知道有大军到来。以后朱元璋成为江南行中书省平章，他任用李善长为参议。当时宋思颜、李梦庚、郭景祥等人都为中书省的属官，然而军机进退，赏罚章程，大都由李善长决定。枢密院改为大都督府后，李善长兼任大都督府司马，后又提升为行省参知政事。

朱元璋的知人善用，选贤任能，使得李善长有自由发挥的空间，他的才能才得到了极大的释放。

光启求师

1562年，我国一位在许多学科都取得杰出成就的科学家徐光启，诞生在上海。他的童年、少年和青年都是在贫苦的环境中度过的。尽管如此，他却没有停止读书。他曾中过秀才、举人，直到进士，42岁才开始做官，晚年升至相位。他终生一丝不苟、刻苦钻研，在数学、天文、历法、地理、水利、水器制造等方面的著作六十余种，尤精于农业科学。

徐光启在浔州时，结识了一位意大利神父叫郭静居。神父拿一幅《万国全图》让他看，他第一次知道除了中国以外，还有那么广阔的世界，他更为人能绘制如此精细

的地图而赞叹，就脱口问道：

“神父！这地图是谁画的？真是精妙绝伦，我能否认识一下这位高人，并拜他为师呢？”

郭静居见徐光启看得那样入迷，诚心求教，就答应帮他打听地图的主人——耶稣教会会长利玛窦。因为利玛窦经常去各地传教，行踪不定，徐光启多方求人寻找，几经周折才算是见到了利玛窦。他虚心坦诚地向这位外国传教士说明了自己的来意，并和他谈论起天文、地理和数学等等。利玛窦见徐光启学识很深，还虚心来求教，对他的这种精神特别欣赏，就答应做他的老师。利玛窦拿起一本欧几里德《几何原本》讲解给他，徐光启越听越着迷，忍不住对老师说：

“先生！这本书可以借给我看看吗？”

“当然可以，就是怕你看不懂，因为这书还没译成中文。”利玛窦不无惋惜地说。

“那么就请您讲解给我，我一定要把它译成中文。”

利玛窦见徐光启这么有信心，想了想说：“你有精力和决心来完成它吗？这是需要很大毅力和辛苦的。”

“请先生多加指教，学生保证完成它。”

从这以后，徐光启就拜利玛窦为师。老师规定每两天上一次课，平时白天徐光启还要去办公，余下的时间就全部用到学习上。

一天，又到了上课的日子，鸡叫头遍徐光启就醒了。他发觉外面特别的亮，还以为起床晚了，可到外面一看，室外已一片银装素裹，地上的积雪已有一尺多深了，而且鹅毛般的雪片还在不停地下着。他匆匆地吃了点饭，就拿着书本去上课。因为雪太大，若是不早些走就会迟到的，那对老师实在是太不礼貌了，他心里这么想着。天刚蒙蒙亮，路上根本看不到行人，厚厚的积雪，没走几步就把人累得气喘吁吁。白茫茫的雪地上，他连滚带爬地蹚出了路上的第一串脚印，到老师家时浑身上下都已变成了雪人，身体都要冻僵了，可离上课的时间还早呢。

老师深深地为他坚韧不拔的精神所折服，将自己的全部学问都传授给了徐光启。就这样，徐光启花费了四五年的时间，在老师的指导下，对《几何原本》一书的每一句、每一词都进行反复推敲，苦心斟酌，前后三易其稿，终于与利玛窦合作完成了这一书的翻译工作。就在此书出版以后，他还不断阅读修订译文。其中许多术语一直沿用

至今。

中国的封建社会，一贯把自然科学视为雕虫小技，在闭关锁国的明王朝尤其如此。而徐光启身居要职，能放下架子，虚心求教于外国洋教士，并奠定了我国几何学的基础。这种精神鼓舞一代又一代的中国人，把华夏文明与世界科学融为一体。